中华精神家园

西部沃土

草原牧歌

草原文化特色与形态

肖东发　主编　高宇飞　编著

中国出版集团

现代出版社

图书在版编目（CIP）数据

草原牧歌：草原文化特色与形态 / 高宇飞编著. —
北京：现代出版社，2014.5（2021.7重印）
ISBN 978-7-5143-2377-1

Ⅰ. ①草… Ⅱ. ①高… Ⅲ. ①少数民族－民族文化－
研究－中国 Ⅳ. ①K28

中国版本图书馆CIP数据核字(2014)第085181号

草原牧歌：草原文化特色与形态

主　　编：肖东发
作　　者：高宇飞
责任编辑：王敬一
出版发行：现代出版社
通信地址：北京市定安门外安华里504号
邮政编码：100011
电　　话：010-64267325 64245264（传真）
网　　址：www.1980xd.com
电子邮箱：xiandai@cnpitc.com.cn
印　　刷：三河市嵩川印刷有限公司
开　　本：710mm×1000mm 1/16
印　　张：11
版　　次：2015年4月第1版　2021年7月第3次印刷
书　　号：ISBN 978-7-5143-2377-1
定　　价：40.00元

　　党的十八大报告指出："文化是民族的血脉，是人民的精神家园。全面建成小康社会，实现中华民族伟大复兴，必须推动社会主义文化大发展大繁荣，兴起社会主义文化建设新高潮，提高国家文化软实力，发挥文化引领风尚、教育人民、服务社会、推动发展的作用。"

　　我国经过改革开放的历程，推进了民族振兴、国家富强、人民幸福的中国梦，推进了伟大复兴的历史进程。文化是立国之根，实现中国梦也是我国文化实现伟大复兴的过程，并最终体现为文化的发展繁荣。习近平指出，博大精深的中国优秀传统文化是我们在世界文化激荡中站稳脚跟的根基。中华文化源远流长，积淀着中华民族最深层的精神追求，代表着中华民族独特的精神标识，为中华民族生生不息、发展壮大提供了丰厚滋养。我们要认识中华文化的独特创造、价值理念、鲜明特色，增强文化自信和价值自信。

　　如今，我们正处在改革开放攻坚和经济发展的转型时期，面对世界各国形形色色的文化现象，面对各种眼花缭乱的现代传媒，我们要坚持文化自信，古为今用、洋为中用、推陈出新，有鉴别地加以对待，有扬弃地予以继承，传承和升华中华优秀传统文化，发展中国特色社会主义文化，增强国家文化软实力。

　　浩浩历史长河，熊熊文明薪火，中华文化源远流长，滚滚黄河、滔滔长江，是最直接的源头，这两大文化浪涛经过千百年冲刷洗礼和不断交流、融合以及沉淀，最终形成了求同存异、兼收并蓄的辉煌灿烂的中华文明，也是世界上唯一绵延不绝而从没中断的古老文化，并始终充满了生机与活力。

　　中华文化曾是东方文化摇篮，也是推动世界文明不断前行的动力之一。早在500年前，中华文化的四大发明催生了欧洲文艺复兴运动和地理大发现。中国四大发明先后传到西方，对于促进西方工业社会的形成和发展，曾起到了重要作用。

　　中华文化的力量，已经深深熔铸到我们的生命力、创造力和凝聚力中，是我们民族的基因。中华民族的精神，也已深深植根于绵延数千年的优秀文化传统之中，是我们的精神家园。

　　总之，中华文化博大精深，是中国各族人民五千年来创造、传承下来的物质文明和精神文明的总和，其内容包罗万象，浩若星汉，具有很强的文化纵深，蕴含丰富宝藏。我们要实现中华文化伟大复兴，首先要站在传统文化前沿，薪火相传，一脉相承，弘扬和发展五千年来优秀的、光明的、先进的、科学的、文明的和自豪的文化现象，融合古今中外一切文化精华，构建具有中国特色的现代民族文化，向世界和未来展示中华民族的文化力量、文化价值、文化形态与文化风采。

　　为此，在有关专家指导下，我们收集整理了大量古今资料和最新研究成果，特别编撰了本套大型书系。主要包括独具特色的语言文字、浩如烟海的文化典籍、名扬世界的科技工艺、异彩纷呈的文学艺术、充满智慧的中国哲学、完备而深刻的伦理道德、古风古韵的建筑遗存、深具内涵的自然名胜、悠久传承的历史文明，还有各具特色又相互交融的地域文化和民族文化等，充分显示了中华民族的厚重文化底蕴和强大民族凝聚力，具有极强的系统性、广博性和规模性。

　　本套书系的特点是全景展现，纵横捭阖，内容采取讲故事的方式进行叙述，语言通俗，明白晓畅，图文并茂，形象直观，古风古韵，格调高雅，具有很强的可读性、欣赏性、知识性和延伸性，能够让广大读者全面接触和感受中国文化的丰富内涵，增强中华儿女民族自尊心和文化自豪感，并能很好继承和弘扬中国文化，创造未来中国特色的先进民族文化。

2014年4月18日

文明开化——古老历史

守护之魂——草原拾英

文化底蕴——艺苑民风

古老历史

　　我国草原主要分布在北方地区，特别是内蒙古地区。因此，从地域角度来讲，我国草原文化指的就是北方草原文化。包括从大兴安岭东麓到帕米尔高原以东，阿尔泰以南至昆仑山南北的广大区域。

　　草原文化是中华文化的主要源头之一。考古资料证明，我国北方广大草原地区是草原文化重要发祥地，分布有许多早期人类活动的遗迹，如大窑文化、萨拉乌苏文化、扎赉诺尔文化、兴隆洼文化、赵宝沟文化、红山文化等。这些丰富的遗存文化表明我国北方广大草原地区文化是中华文化的源头，是华夏文明的曙光。

丰富的远古人类文化遗迹

原始人劳动塑像

在旧石器时代，人类的祖先就在我国北方辽阔的草原上生产和生活。内蒙古呼和浩特郊区大窑村南山坡的石器制造场就是他们生产活动的遗址，其年代可追溯到旧石器时代早期，已有五六十万年的历史。

大窑村南山坡是横亘在内蒙古西部的阴山山脉大青山南面的支脉，山下有溪涧流水，适于远古人类居住。山上盛产燧石，其质地坚韧，易击打成形，是制造石器最理想的原料。

从旧石器时代早期起，古代人类就陆续到这里开采石料，制成生产、生活用具。在遗址范围内，人工打制石器及石料遍地散布，主要有石核、石片、刮削器、尖状器、砍砸器、石锤、石球等，其中尤以刮削器、钻具、尖状器等为多。

在刮削器中，龟背形刮削器独具特色，是旧石器石器文化的典型石器。龟背形刮削器背部隆起如龟背，特别厚，背部一般经过初步加工，打掉棱角，与背部相对的一面，均为平面。由于器身特别厚，以致刀刃部夹角增大，可用于剥兽皮、刮兽肉和加工皮革等。

大窑石器制造场是我国发现的年代最早、规模最大的古代石器制造场，是一处极其丰富的原始社会文化遗址，它包括5个原始社会时期，即旧石器时代

■ 原始人取火场景

石器 是指以岩石为原料制作的工具，它是人类最初的主要生产工具，盛行于人类历史的初期阶段。从人类出现直到青铜器出现前，共经历了两三百万年，属于原始社会时期。根据不同的发展阶段，又可分为旧石器时代和新石器时代，也有人将新、旧石器时代之间列出一个过渡的中石器时代。

■ 原始人生活场景

周口店 北京西南
一处人类遗址，
是世界上材料最
丰富、最系统、
最有价值的旧石
器时代早期的人
类遗址。1929年
在此发现原始人
类牙齿、骨骼和
一块完整的头
盖骨，并找到
了"北京人"生
活、狩猎及使用火
的遗迹，证实50万
年以前北京地区已
有人类活动。

早期、中期、晚期和新石器时代早期和晚期。在同一处地层保存有5个历史时期的文化，在国内外十分罕见。

长期以来，人们都认为人类发源于黄河流域，而北京周口店就是中华民族的摇篮。大窑文化遗址的发现证明了北方草原地区在那个时期也已有原始人活动。

萨拉乌苏河位于内蒙古鄂尔多斯草原南端。萨拉乌苏，蒙语的意思是"黄色的水"，这里的河水终年浑黄，河的两岸长满了摇曳多姿的红柳，人们称这条河为"红柳河"。

早在35000年前，远古人类"河套人"就生活在这条河畔。他们创造了"萨拉乌苏文化"。萨拉乌苏文化是属于旧石器时代晚期的一类原始文化遗址。

萨拉乌苏文化遗址主要在大沟湾村和滴哨沟湾

村。大沟湾村遗迹是一处灰烬遗址，遗址呈椭圆形，长宽约为一两米，灰烬中部下限，呈一盆底形洼坑。洼坑附近发现了30多块破碎的动物烧骨，这是人类举火烧食野兽的地方。

同时在大沟湾村还采集到一两百件石器，这些石器器形比较小，主要有尖状器、刮削器、雕刻器等，其中尤以圆头刮削器、小雕刻器和楔形石核较为典型。这些石器与新石器时代早期的细石器有严格的区别，但遗址中发现了柱状石核，间接证明了有细石器的存在。

"河套人"化石共出土23件，其中包括在滴哨沟湾村发现1段残右顶骨、1段左股骨；在大沟湾村发现1块顶骨化石。

通过对"河套人"化石的研究表明，"河套人"的特征已接近现代人，但仍保留了一些原始性，如头骨骨壁较厚，骨缝简单，颌骨粗壮，股骨臂较厚，髓腔较小，这些原始性表明，"河套人"属于晚期智人。

同"河套人"化石同时出土的还有许多哺乳动物化石残片，如犀牛头骨和牙齿化石，原始牛、马肋骨化石，象骨、象牙化石，以及很

原始人生活场景复原

■原始人居室建筑

多动物腿骨化石残片，等等。

扎赉诺尔的东、南、北部是巍然矗立的呼伦贝尔高原，西部是气势磅礴的高尔真山丘陵，南与碧波荡漾的扎赉湖毗连。约11000多年前，就已经有人类在这一带劳动、生产、繁衍。

在扎赉诺尔的地下发掘出了新石器时代的文化遗址，包括远古人类的一个人头骨，被命名为"扎赉诺尔人"，之后又连续发现了第二个人头骨、第三个人头骨，还发现了完整的猛犸象骨架等。

在地下12.9米深的地层中，发现了箭头、圆头刮削器、石叶、石片、石核，以及野牛、马、鹿、羚羊等化石。

兴隆洼位于内蒙古赤峰敖汉旗，这里地处平坦，视野开阔，附近有泉水长流不断，适宜人类居住，公元前6000年至公元前5000年，新石器时代早期的氏族部落在这里生息繁衍，从出土的文物来看，氏族居民以从事农业生产为主。

石制工具多是打制的，石器种类包括有肩锄、斧、锛、磨盘、磨棒等。其中由石片嵌入骨柄凹槽的刮刀很有特色，是我国北方地区细石器工艺传统的产品。

还有一种石器叫石杵，既可使农作物去壳脱粒，也可以用于加工采集的植物籽实。加工兽皮用的石刀和渔猎工具比较多。骨器有锥、镖、针等，磨制得都比较精良。

此外，还发现较多的鹿角、狍骨和胡桃楸的果实硬壳，说明氏族住地附近可能有着广袤的森林，狩猎和采集经济在氏族生产生活中仍占据一定的比重。总体来看，这里的农业经济的发展水平与黄河流域的诸新石器时代文化大体相当。

出土的文物中还包括大量的陶器和玉器。陶器较厚重，烧制火候较低，陶质疏松，以装饰压印的网格纹和"之"字形纹为特征，且多罐、钵类陶器。

玉器皆为阳起石和透闪石等软玉类，色泽多呈淡绿、黄绿、深绿、乳白或浅白色，器体偏小。主要器类有匕形器、弯条形器、管、斧、锛、凿等。

玉玦出土数量最多，是兴隆洼文化最典型的玉器之一，常成对出现在墓主人的耳部周围，应是墓主人生前佩戴的耳饰，呈圆环状或矮柱状，体侧均有一道窄缺口。

匕形器的出土数量仅次于玉玦，也是兴隆洼文化玉器中的典型器类之

陶器 以黏土为胎，经过手捏、轮制、模型等方法加工成型后，在800度至1000度高温下焙烧而成的物品，坯体不透明，有微孔，具有吸水性，叩之声音不清。品种有灰陶、红陶、白陶、彩陶和黑陶等，具有浓厚的生活气息和独特的艺术风格。我国早在商代，就已出现釉陶和初具瓷器性质的硬釉陶。

■ 玉玦

原始人穴居场景

一。器体均呈长条状，一面略内凹，另一面外弧，靠近一端中部钻一小孔，多出自墓主人的颈部、胸部或腹部，是墓主人佩戴的项饰或衣服上的缀饰。

弯条形器和玉管数量较少，均为佩戴在墓主人颈部的装饰品。斧、锛、凿等工具类玉器特征鲜明，其形制与石质同类器相仿，形体明显偏小，多数磨制精良，没有使用痕迹。

在建筑方面，兴隆洼先民住房为排列有序的半地穴式的方形或长方形建筑。建筑都是西北至东南走向，每间约50—80平方米，最大的房间达140余平方米。聚落建筑有10多排房屋，每排10座左右，屋内有圆形灶坑，环绕聚落有一条防御用的沟壕，这是我国大陆远古居民最早的防御设施。

赵宝沟位于内蒙古赤峰敖汉旗，其文化遗址主要分布在赤峰、哲理和河北北部一带，已有6800余年的历史，已发现的房址和灰坑有140余处。房址平面呈方形或正方形，也有的呈梯形，都是半地穴式建筑，成排分布。遗物有陶器、石器、骨器和蚌器。

陶器是赵宝沟文化的典型，陶器主要为生活日用的各类容器和炊器，绝大部分都为夹砂陶，也有少量泥质陶。其中夹砂陶又可依器表情况的不同分为夹砂粗面陶和夹砂磨光陶两种。

夹砂粗面陶中最为常见的器物是筒形罐，这是一种形制和纹饰独具一格的典型器物。大者高40厘米以上，小者高12厘米，宽敞的口径一般都略大于罐腹。烧制火候不高，器表多为黄褐色。纹饰多施以"之"字形纹和几何纹，有的还在"锁印纹"基础上迭施几何纹。

夹砂磨光陶器物的制作一般要较粗面陶精细，陶色大多呈黑褐色，也有黄褐或红褐色，在这类陶器中，最惹人注目的是施有奇特的几何纹图案或动物纹图案的尊形器。

这种尊形器已经挖掘和采集到了10多件。其中，在小山遗址出土的一件直领圆唇，腹部扁鼓，下接假圈足，器表打磨光亮平滑，饰有极其精美的飞鹿、猪龙和神鸟等灵物图案。

飞鹿肢体腾空，背上生翼，神态端庄安详；猪龙为猪首蛇身，尖吻上翘，巨牙上指，眼睛细长，周身有鳞；神鸟奋翼冲天，巨头圆眼，顶上生冠，长嘴似钩，这三种灵物都引颈昂首，首

玉玦 玉环有缺口则为玦，玦是我国最古老的玉制装饰品，为环形形状，有一缺口。在古代主要是被用作耳饰和佩饰。小玉玦常成双成对地出土于死者耳部，类似今日的耳环，较大的玦则是佩戴的装饰品和符节器。

■ 赵宝沟遗址出土的陶尊

■ 古人类生活场景

凤 在远古图腾时代被视为神鸟而予崇拜。用于比喻有圣德之人。它是原始社会人们想象中的保护神，经过形象的逐渐完美演化而来。它头似锦鸡、身如鸳鸯，有大鹏的翅膀、仙鹤的腿、鹦鹉的嘴、孔雀的尾。居百鸟之首，象征美好与和平。也是古代传说中的鸟王，雄的叫凤，雌的叫凰，通称凤。也是古代皇后的代称。

尾相接，凌空翻飞。

在南台地遗址采集到的一件腹部饰有2个鹿纹，也是首尾相衔，做凌空腾飞之状，后部好像鱼尾，尾上三角处，有一半图形图案，外围有一圈向心射线，有如一轮金光四射的太阳。在躯干和四肢部位，有精心刻画的细网格纹，两格之间仅距1毫米，完全等距，十分准确精致，令人叹为观止。

另外，在赵宝沟还出土了一件陶凤杯，从外部特征看，与现在的"鸟"颇为相像，这只陶凤杯上的凤头、冠、翅、尾等造型，与中华传统的"凤"的特征十分接近，且文物完整。该凤长17.6厘米，宽9.6厘米，高8.8厘米，被尊称为"中华第一凤"。

赵宝沟先民使用的石器中以磨制石器为主，同时与打制石器和压剥石器共存。大型石器大多都为磨制而成，其中两侧长边磨成平面的石斧，顶部打出凹缺的宽刃石耜，是这种文化类型的典型石质工具。

在小山遗址中发现了一件精致奇特的穿孔斧，为石器。此器通体磨光，长18.2厘米，最宽处5.5厘米，厚2.4厘米，表面灰色，杂以黑斑。在靠近顶端处，钻一圆孔，为安装木柄的地方。在圆孔和顶端之间的一面，刻有一人面纹，纹痕浅细，圆脸、鼻、嘴都近三角。

这件石器制作得十分精细，刃部平钝，不像是生活实用工具，可能与宗教活动有关。此外，石磨盘和石磨棒也是赵宝沟文化石器较为常见的工具。

赵宝沟文化是北方草原又一支重要的远古文化，这一时期先民已存在等级高低之分，社会分工已趋明显。宗教方面，已经出现原始宗教信仰和浓重的生殖崇拜。

阅读链接

根据动物化石记录：萨拉乌苏动物群主要有：纳玛古菱齿象，这是一类身体巨大，门齿略有弯曲的古象，与现代象相似，在鄂尔多斯发现的门齿化石长达2.4米至3米左右。

披毛犀，体外披长毛的犀牛，这类化石在鄂尔多斯这个时期的地层中发现最多且分布较广。

河套大角鹿，这种鹿个体高大，身躯粗壮，最特殊的是鹿角眉枝扩展，呈扁平扇状，几乎与头骨垂直，主枝为开阔的掌状而高耸于眉枝之上。这在鹿类中是独一无二的。

王氏水牛，它是为了纪念发现者——蒙古族农民王顺而命名的，这种水牛牛角较为独特，横切面呈三角形。

诺氏驼，这种驼比现代驼头骨粗壮，个体高大，它是萨拉乌苏动物群中特有的古动物之一。

鬣狗与老虎，在萨拉乌苏河文化遗址食肉动物化石中，这类化石发现最多。

新石器文化的代表红山文化

　　红山意为"红色的山峰"，位于内蒙古赤峰东北英金河畔。公元前五六千年，原始氏族部落在这一带生息繁衍2000余年之久。红山文化主要指在燕山以北、辽宁大凌河与西辽河上游流域活动的氏族部落

■ 红山人生活场景

创造的农业文化。

红山文化带是衔接东北平原和蒙古高原的三角地带，也是中原农耕文化与北方草原文化的交汇区域。它的特殊地理位置决定了它是多种经济文化类型交错、多种民族成分杂居和多种文化因素荟萃的中心之一。

考古研究认定，红山文化是在发展中同中原仰韶文化相交汇产生的多元文化。

红山文化时期，文明已经达到了很高的程度，人们不仅穿兽皮制作的衣服，而且还穿起了麻衣。并且在红山文化区域出土了玉蚕，这代表蚕已经得到红山先民重视。黄帝的妻子嫘祖发明了养蚕技术，而红山文化区又是黄帝部族活动区域，养蚕抽丝制作衣服自然也会在这个地方出现。

仰韶文化 黄河中游地区重要的新石器时代文化。因在河南省三门峡市渑池县仰韶村被发现故被命名为仰韶文化。仰韶文化以陕西华山为中心，分布于陕西、甘肃、山西、河南、河北、青海、湖北、山东等地。仰韶文化的持续时间大约为公元前5000年至3000年。

■ 狗成为红山人的家养动物

祭品 即祭祀时用的物品。根据不同种族和不同地域，祭品的形式十分丰富，有动物如猪、牛、羊、鸡，也有植物，还可以是农物等物品。在远古时代和愚昧时代，甚至有拿活生生的人作为祭品；暴政时期也曾出现过用活人陪葬与祭祀的情况，十分残忍。

红山文化的社会形态初期处于母系氏族社会的全盛时期，主要社会结构是以女性血缘群体为纽带的部落集团，晚期逐渐向父系氏族过渡。经济形态以农业为主，兼以牧、渔、猎并存。

那时候的狩猎已经有了相当不错的工具，大大降低了先民们与野兽搏击的危险性。人们会选用比较有强度的野兽小腿骨劈成刀的形状，再把刀刃磨出来，在把柄的地方钻眼儿方便穿绳携带。红山文化中制骨业的发达也说明了当时狩猎经济的发达。

红山先民已经开始饲养家畜了。在更早时期，人类只会打野兽，渐渐地，人们捕获了小鹿、小猪后，就开始将其养起来。红山文化时期，人们主要养猪。再往后，狗也成为了家养动物。这种畜牧经济的跨越式发展，保证了一年四季肉类食品和祭品的供应。

在内蒙古敖汉旗河福营子村，有一处红山文化的氏族部落，两条保存较好的壕沟将部落遗址分别围成紧邻的两个部分。

其中东南部的壕沟周长 600 余米，呈不规则的长方形，在壕沟的东南边留有一处供人出入的通道口；西北部的遗址，壕沟只有三边，包围的居住营地面积较小，另一边即为南部氏族壕沟的一段。这个红山文化部落营地的发现，提供了辽西地区新石器时代中期氏族部落的规模和防卫性壕沟的实例，兼有畜牧和渔猎活动。

农业生产工具主要以细石器工具为主，还有磨制和打制的双孔石刀、石耜、有肩石锄、石磨盘、石磨棒和石镞等。

在红山先民生活中，制陶业占有重要地位。制陶技术比早期的兴隆洼文化有了更大的发展。一些富有制陶经验的氏族成员已经专门从事这项劳动，他们可以加工大批相似的陶器。陶器的产量和质量都有明显

夹砂灰陶 新石器时代出现的一种灰色陶器。根据胎质的粗细及含砂与否，可分为泥质灰陶和夹砂灰陶。仰韶文化、龙山文化时期都有一定数量的灰陶，特别是用于蒸煮的器皿，多为夹砂灰陶。到夏代以灰陶和夹砂陶占据主要位置。

■ 红山人制陶场景

的提高。

陶器以夹砂灰陶和泥质红陶两大陶系为主，泥质红陶占的比例要大于夹砂灰陶。基本器形是筒形罐。特征是口大底小、腹壁斜直，属于筒形罐的晚期形制，后从筒形罐中又异化出筒形器。

陶器纹饰以压印之字纹为主要风格。之字纹线细而纹带较宽，连线和篦点共用，横压竖排与竖压横排共用，直线与弧线、波浪线共用。之字纹饰又往往与筒形罐结合在一起。

彩陶在泥质红陶中占有相当的数量。红山文化彩陶以黑彩为主，也有红彩、紫彩，图案以龙鳞纹、勾连花卉纹和棋盘格纹三种最具代表性。花纹十分丰富，造型生动朴实。那时已出现结构进步的双火膛连室陶窑。

在原始社会，玉器是原始宗教的祀神器，红山文

■ 红山人生活场景

化时期就已经进入了以玉祀神的阶段。

■ 红山人祭祀场景

此时的玉雕工艺水平较高，玉器表面光滑，晶莹明亮，极具神韵。已出土的红山玉器中，多数为动物造型，有玉猪龙、玉鹰、玉鸮、玉鸟、玉龟、玉鳖、玉鱼、玉蝉、玉蝈蝈、玉螳螂、玉甲虫等大量动物造型玉器。

红山人图腾崇拜更加兴盛起来，这些动物造型的玉器有的比较写实，有的比较抽象，有的可能是当时人们佩戴的吉祥物，有的则可能是氏族的图腾。

其中有一件大型墨绿色玉龙，高26厘米，完整无缺，体蜷曲，呈"C"字形。吻部前伸，略向上弯曲，嘴紧闭，有对称的双鼻孔，双眼突起呈棱形，颈上有长毛。龙背有用于悬挂的单孔，龙的头尾恰好处于同一水平线上，形体酷似甲骨文中的"龙"字。被考古界誉为红山文化象征的"中华第一龙"。

玉龙在红山文化分布区域被普遍发现，被神化

图腾崇拜 发生在我国古代氏族公社时期的一种宗教信仰的现象。一般表现为对某种动物的崇拜，也是祖先崇拜的一部分，图腾主要出现在旗帜、族徽、柱子、衣饰、身体等地方。而目前对于图腾崇拜的研究也是对于原始社会研究的重要组成部分，因为图腾崇拜现象蕴含着重要的历史人文意义。

红山玉龙

为神灵崇拜物。所以，红山文化的先民是我国境内最早以龙作为神灵而加以膜拜的人类群体。此后，龙作为一种神灵崇拜逐渐向中原地区传播。

一般红山人的墓地多为积石冢，是规划的墓地，处于中心的大墓多有随葬的玉器，墓地越向边缘规格越低。大墓附近的墓葬有的也葬有玉器，但是数量和规格明显较中心大墓低，再低等级的墓葬只有陶器陪葬，个别的墓葬没有陪葬品。

红山文化属于新石器文化，也属于一个复合型文化，文化内涵极其丰富，它全面反映了我国北方地区新石器时代文化特征和内涵。

这些丰富的原始文化遗存无可辩驳地证明了北方草原文化，是人类文明的重要组成部分，是人类文明极为重要的源头。

阅读链接

红山文化的源头问题，学术界争论了很久，归纳起来主要有五种意见：

第一种意见，认为红山文化是仰韶文化系统的原始文化，或是仰韶文化的变体。

第二种意见，认为红山文化继承了河北磁山文化。

第三种意见，认为红山文化可能是细石器文化和仰韶文化相互影响后产生的新文化，含有细石器和仰韶文化两种因素。

第四种意见，认为红山文化是这个地区独特的新石器文化。有其自身的发生发展过程，同时受到其他文化的影响。

第五种意见，认为红山文化很可能是河姆渡文化的延续和发展，也是中华民族从母系氏族社会进入父系社会的转折点。

五种意见并存，但多数专家认为第五种比较符合实际。

小河沿和夏家店下层文化

约3000年前左右，在内蒙古敖汉旗小河沿白斯朗营子南台地一带，生活着人类祖先。他们过着定居生活，从事农业，兼顾狩猎业。

小河沿先人的生产工具主要是石器。他们以磨制精致的带孔石铲取代红山文化的石耙。其他生产工具还有打制石斧、磨制石斧、石凿、石镞等。还有镶嵌的石刃骨刀，细石器还占有一定数量。

骨质工具除骨刀外，还有骨剑、骨椎、骨凿和骨针等。骨针的针尖十分锋利，针鼻处磨成扁平状，钻有细微圆孔，可见当时已经出现了十分精细的缝纫用线。

夏家店黑陶

■ 小河沿鸟形陶壶

尊 我国古代的一种大中型盛酒器，盛行于商代至西周时期，春秋后期已经少见。商周至战国时期，还有另外一类盛酒器牺尊。牺尊通常呈鸟兽状，有羊、虎、象、豕、牛、马、鸟、雁、凤等形象。牺尊纹饰华丽，在背部或头部有尊盖。尊器表多饰有凸起的麟棱，雕铸着繁绳厚重的蕉叶、云雷和兽面纹，显得雄浑而神秘。

小河沿先民手工艺有了较大的发展，他们制造的陶器以夹砂陶居多，泥质陶较少，一般掺砂，也有用云母和贝壳掺和。陶色有黑、红、灰色，器形主要有罐、尊、豆、盆、钵等，还有造型别致的鸭形壶、鸟形壶等器物。

丰富多彩的豆形器和壶形器特别发达，是小河沿文化陶器的显著特征之一。有的豆形器座上，刻有三角形镂孔。

小河沿文化的壶形器，大多制作得奇古别致，富有地方特色。在翁牛特旗石棚山墓地发现的大型鸟形壶，肥体圆头，昂首翘尾，大张着嘴巴，圆睁着双眼，活像一只活泼可爱的雏鸟在向母亲鸣叫争食。

在建筑方面，小河沿南台地一带的房址均为半地穴式，一种为椭圆形单室，口小底大，门朝南，中间土灶两侧有柱洞；另一种是将椭圆形居室分为两间，一大一小，大屋中有圆形火膛。

小河沿氏族墓地选择在高山上，墓地内部分区，区内分行，墓室结构为土坑竖穴或洞穴。男性墓多随葬生产工具，并有束发、佩戴项环和臂环的习俗，而且出现了男女合葬的习俗。

夏家店位于内蒙古赤峰，夏家店下层文化因位于夏家店遗址下层而得名，主要分布在燕山山地和辽西及内蒙古东南部地区。年代为公元前2000至公元前1500年，属早期青铜时期。文化遗存以分布在丘陵山地的较大城寨或小城堡为代表，这些大城寨或小城堡大多数都修筑有城墙，有的多达三重。

代表性遗址有赤峰松山区迟家营子村城堡、水地八家子北梁石城、大五十家子杨树湾石城、孤山子西的北城子山城堡、敖汉旗百塔子乡赵宝沟村城堡等。

夏家店下层文化的房屋因时间先后有所区别。早期的多为筒形地穴式，中期为半地穴式，晚期则为地表建筑。使用的材料主要是土坯、石料、烧土和有草的泥土，也有将白灰面用于建筑的。

他们的居所多位于沿河两岸的高地上。较大的聚落周围有石砌或夯土筑成的城墙及壕沟，聚落内的房屋从数十至百余座不等。聚落附近有墓地。大甸子墓地埋有墓近千座，排列密集而有规律。墓葬的大小、随葬品的种类与数量存在差别。

当时，工具的种类也进入了以石器为主并伴有青铜器的时代。代表性器物是石器之中的单、双面刃以及扁平有肩的石铲，断面呈三角菱形、刃背中部带有圆孔的石刀。青铜器主要有喇叭形浇口的椭圆形陶范、铜刀、铜屑、铜耳环、铜杖首、礼器、铜鼎、铜甗等。

■ 夏家店彩绘陶鬲 鬲是我国古代的一种炊器，用于烧煮加热用。鬲在形制上类似于鼎，有三足，但三足中空，可以获得更好的加热效果。在我国，早在新石器时代陶鬲就已经广泛使用，商代至春秋时期流行使用青铜鬲。战国晚期以后，青铜鬲逐渐消失。

■ 夏家店陶爵 爵是我国古代一种用于饮酒的容器。在商代和西周青铜礼器中常见。爵通常在结盟、会盟、出师、凯旋、庆功、宴会时使用，属于十分珍贵的文物。另外爵也是君主国家贵族封号，爵位、爵号是古代皇帝对贵戚功臣的封赐。旧说周代有公、侯、伯、子、男五种爵位。

农业生产工具中经常使用窄顶宽刃的打制石锄。石锄中部两侧有亚腰，用于捆缚木柄，做劈砍树木等物品的工具。石铲有单面和双面刃两种，扁平有肩石铲最富有特色。

收割工具是长刃边的磨制石刀，石刀的背边有凹缺或穿孔可以捆绑木柄。谷物加工则用石磨盘、石磨棒等工具。另外，还使用少量的细石器，其中以刮削器为多。

除了农业以外，他们还采集和渔猎，作为不发达农业的补充，比如他们饲养牛、马、猪、狗等家畜。猪是夏家店下层文化先民饲养的最主要的家畜，而鹿科动物则是当时主要的狩猎对象。

制陶在当时已经是一个具有较高技术水平和工艺水平的重要行业。陶器类型比较丰富，有尊、鬲、南瓦、盆、罐、鼎、盘、豆、鬶、爵等。

其中的鼎腹多似罐、钵形器，深腹腔的筒状鬲、细腰袋足的南瓦及折腹尊是他们住址中最常见的几种器型，盘、豆数量较少，鬶、爵仅局限于墓葬。陶器最大的变化是在器型上以三足器为主体，特别是袋足三足器，制造工艺复杂，是三足器中的先进形态。

礼器 我国古代贵族在举行祭祀、宴飨、征伐及丧葬等礼仪活动中使用的器物。我国最早的礼器出现在夏商周时期，主要以青铜制品为主。商周青铜礼器又泛称彝器。进入商周社会后，礼器成为"礼治"的象征，用以调节王权内部的秩序，从而维护社会稳定。这时的礼器包括玉器、青铜器及服饰等。

夏家店下层文化墓葬中陶器的图案纹饰特色鲜明，使用红、白两色矿物颜料描绘成卷曲的线条，再构成连续的单元。

大甸子墓葬还有少数纹饰是以动物面目为图案的主体，器物整体的画面分割及主辅纹饰的配合，与黄河流域年代较早的铜器纹饰风格很相似。

陶器实用器大都是青灰色，火候较高。外表多有绳纹。少数磨光陶器的表面往往有未被抹去的绳纹，绳纹是制造过程中留下的痕迹，器物磨光则是进一步加工取得的外貌。

此外还有篮纹、划纹，各种工具压印的纹饰，以及以细泥条做成链条形或小泥饼做成铆钉形的附加堆纹。

阅读链接

通过对赤峰地区小河沿文化时期墓葬的清理挖掘，发现小河沿文化时期的赤峰人不论男女，普遍都佩戴着精美艳丽的璧环和项环等装饰品。

石棚山墓葬中，在女性墓主人的头骨两侧，发现有2件蚌制圆形齿轮状耳坠，耳坠周边匀称地刻有32个小齿，正面刻画3道同心圆，中间有一小孔。死者的左右臂分别佩戴绿色和白色臂环，头上戴有长条形雪白蚌质发夹。

结合出土的大量精美绚丽的彩陶，可以想象得出，5000多年前赤峰一带，环境优美、资源丰富、资源丰足，长期生活在这里的先民依靠自己辛勤的劳作和不懈的奋斗，改进了劳动工具，发明了种类齐全的生产门类，使自己过上了衣食相对富有的生活。

当时世风淳朴，人与人之间的相互帮助，关系融洽。这种和谐的生活环境陶冶了时人爱美的情操，人们穿着自己精心制作的衣衫，佩戴着精心的臂环和手镯，还有项环和耳坠，来美化点缀自己的生活。

古文化中的奇葩阴山岩画

阴山山脉东西绵延千里，横亘在内蒙古中西部，它的南北草原广阔，气候条件宜人。我国北方许多游牧民族，如北狄、匈奴、鲜卑、突厥、敕勒、党项、契丹、山戎、蒙古族等相继在这里生活过，并创

阴山岩画

■ 阴山岩画——太阳神

造了灿烂的古代文化。

　　阴山岩画是这些灿烂的古代文化中的一朵奇葩。从年代上看，阴山岩画属于新石器至青铜时代的石刻艺术。它凝结了古朴、粗犷、凝练的画风和丰富而独特的文化内涵。

　　5世纪北魏地理学家郦道元发现了内蒙古乌拉特前旗、乌拉特后旗、乌拉特中旗、磴口县境内的阴山岩画，并把它写进了《水经注》里：

　　　河水又东北历石崖山西，去北地五百里，山石之上，自然有文，尽若虎马之状，粲然成著，类似图焉，故亦谓之画石山也。

　　这些记载是世界上对阴山岩画最早的记录。按照《水经注》提供的线索，在西起阿拉善左旗，中经磴

党项 我国古代北方少数民族之一，属西羌族的一支，有"党项族党项羌"的称谓。据载，羌族发源于"赐支"或者"析支"，即青海省东南部黄河一带。汉代时，羌族大量内迁至河陇及关中一带。此时的党项族过着原始游牧部落生活。他们以部落为划分单位，以姓氏作为部落名称，逐渐形成了著名的党项八部。

阴山岩画——骆驼

口县、潮格旗，东至乌拉特中后旗的东西长约300千米，南北宽约40至70千米的阴山山脉狼山地区，发现了近万幅的岩画，其数量之多、内容之丰富、年代之悠久，令人叹为观止！

内蒙古阴山岩画分布非常广泛，最多的地方在乌拉特中旗南部的地里哈日山的黑山上，东西延伸5000多米。仅此一处，岩画就有千幅以上。

在地里哈日山东北不远处的山南坡和山顶部也有大量岩画和地里哈日山岩画毗连在一起，成为一个岩画分布区。地里哈日山西南约8000米的瓦窑沟北山，每隔2米至10米或稍远一些便有一处岩画，总数在900幅以上。

其次在磴口县的北托林沟山地的黑石上，一般两三米就有一幅岩画，最远间隔不超过10米，其总数在500幅以上。

最密集的岩画群在默勒赫图沟一处迎北的崖壁上，东西长约50米、高约20米，由约80个人头像组成。另一个在格和尚德沟中段的一块迎西的石壁上，宽约5米、高约15米，由50个个体画组成。

岩画面积最大的是乌拉特后旗大坝沟口西畔石头上的正方形岩画，面积约400平方米。

阴山岩画质朴、生动，并具有浓厚的生活气息。岩画多以写实为基础，记录了人类童年及各个历史阶段的社会生活。

题材来源于自然，来源于生活，再现作者亲身所处的自然环境。在构思、技巧和表现力等方面，均显示出作者敏锐的观察力、朴实健康的美学观和惊人的艺术才华。

阴山岩画并不是对自然原封不动地照搬，作者往往把从生活中捕捉来的形象给予想象性的加工，把表现对象简化到不能再简化的程度，并竭力突出作者的意图，因而使作品非常生动。

许多动物像动感强烈，或引颈长嘶，或回首短鸣，或慢步缓行，或四蹄腾跃；有的彼此含怒欲斗，有的相与舐吻亲昵。

为了强调某一事物，运用夸张、对比和衬托的手法，突出表现的中心，如人与动物、动物与动物间斗争的图画，均在构图和比例上往往突出胜利者的形象，因而产生了强烈的艺术效果。

阴山岩画

阴山岩画

草原文化特色与形态

青铜器 是由青铜制成的器具，诞生于人类文明的青铜时代。因为青铜器在世界各地均有出现，所以是一种世界性文明的象征。我国青铜器制作精美，在世界青铜器中堪称艺术价值最高。代表着我国在先秦时期高超的技术与文化。

阴山岩画的作画方式主要有敲凿法和磨刻法两种。敲凿法是利用比画面石料硬度高的金属器或石器，在画面上打击成点，点连成画。用敲凿法制成的岩画，线条深浅不一，疏密不均。磨刻法也称研磨法，用此法做成的岩画，痕深面光，断面呈弯曲形。

此外，还有划刻法，即用金属工具划刻，其划痕细而浅，这类作品多为晚期作品。

岩画中还有颜料岩画，即用石灰和动、植物油调作颜料涂于岩石上的岩画。这类画数量不多，多为近代作品，且与藏传佛教有关。

阴山岩画大体分为4个时代：

第一代岩画，是旧石器时代晚期至青铜器时代中期原始氏族部落的岩画。这是岩画的鼎盛时期，数量多，分布广，制作认真。

第二代岩画，是春秋至两汉时期匈奴人的岩画。

第三代岩画，为两汉时期至元代期间的岩画。这些岩画又可分为两个时期，即北朝至唐代突厥人岩画和五代至宋代回鹘、党项人的岩画。

突厥人岩画数量较少、内容以表现家畜为主，其中山羊占有突出地位。回鹘岩画的突出特点是用铁刃画刻而成，线条细而浅，题材多为仿前代作品，并有少数植物图案和回鹘文字。党项人岩画大都是敲凿而成，做工粗糙但色泽新鲜，多如新作一般，并伴有西夏文字。艺术特点是形象性很强。

第四代岩画，是元代以后蒙古族的作品，被称为近代岩画。岩画分敲凿岩画和颜料岩画两种。颜料岩画为蒙古族所特有，岩画内容除一部分反映生活、生产之外，多数是与藏传佛教有关的图案。

阴山岩画的主要类型有动物图像、放牧行猎图、车辆图、征战图、舞蹈图、生殖崇拜图等。

回鹘 突厥的分支，我国古代北方及西北的少数民族。原称回纥，唐德宗时改称回鹘。回鹘人使用突厥卢尼文字，信仰原始宗教萨满教。回鹘汗国从646年建立，到840年灭亡的近200年里，和唐王朝保持着十分密切的政治、经济和文化往来，促进了唐代中外文化交流。

■ 阴山岩画——奔马

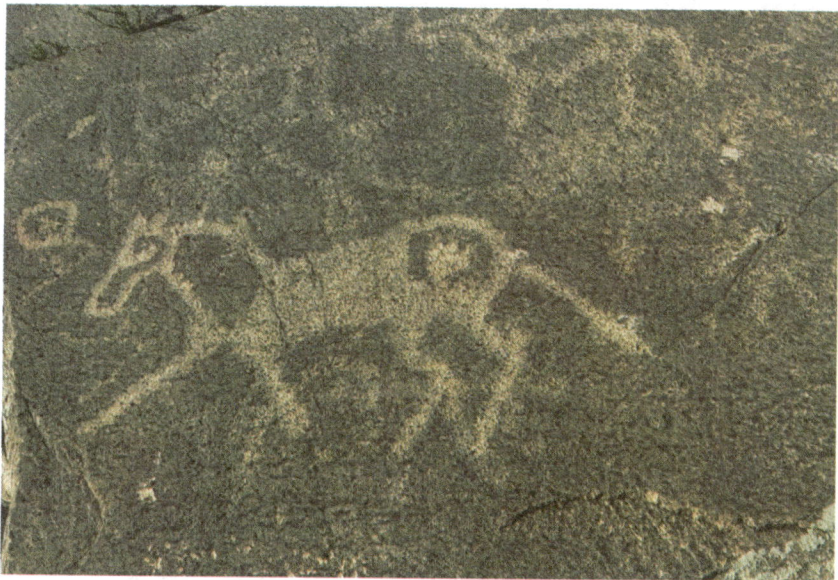

■ 阴山岩画——战争

弓 是抛射兵器中最古老的一种弹射武器。它由富有弹性的弓臂和柔韧的弓弦构成，当把拉弦张弓过程中积聚的力量在瞬间释放时，便可将扣在弓弦上的箭或弹丸射向远处的目标。弓箭作为远射兵器，在春秋战国时期应用相当普遍，被列为兵器之首。自人类出现战争到近代枪炮大量使用为止，弓的作用是任何武器都无法替代的。

阴山岩画中，动物图像占的比重最大。其中有马、牛、山羊、长颈鹿、麋鹿、狍子、罕达犴、狐、驼、龟、犬、鹰等各种飞禽走兽。对这些动物的刻画，大都采取了写实手法，形象生动，有很多达到了写实与艺术的完美结合。

在游牧民族生活中，行猎、放牧是他们维持生存的手段。猎人所用武器主要是弓箭、棍棒。行猎图中突出的一点是猎人必有所获。他们追捕的动物，每每带着箭伤，反映了作画者祈求收获的愿望。放牧图，一般布局匀称，动物排列有序，形状优美。

磴口县托林沟的一块岩石上有一幅"围猎图"。4个手持弓箭的猎人呈扇形围住一群野山羊，惊慌的山羊群朝一个方向奔逃，画面气氛热烈而紧张。

长角羚羊被技艺高超的射手追捕，自然无法逃脱，飞出的箭正中其头部、胸口。猎人们已经胜券在握，只等着挣扎的羚羊耗尽体力倒下。

车辆是山区重要的交通工具之一。在某种程度上能反映当时的生产水平。阴山岩画中，反映车辆的画面也为数不少，在磴口县西北的一座小丘下，凿刻有一幅车辆图，很具代表性，车辆的结构尚可辨认，由辕、轮、舆、轴构成，两轮大小稍有不同，左轮辐条8根，右轮辐条9根，舆作圆形，两毂间贯以车轴，辕在舆底轴上。

古代部落间的战争，在历史上是很常见的，阴山岩画对此也有反映，在磴口县和乌拉特后旗的交界处发现了一幅颇为生动的征战图。这幅图对胜败双方刻画得很明朗。

胜者一方，士兵们披坚执锐、挽弓搭箭，向敌人前后夹攻。他们都头留双辫，有些人头上还插着长长的羽毛。败者一方，光头居多，有的已身首异处，有的正在逃跑，整个画面胜败对比鲜明，可能是某部落为纪念一次战争胜利而特意刻下的记功图。

阴山岩画中反映舞蹈场面的岩画随处可见。舞蹈是游牧民族生活的一个重要组成部分，因此舞蹈对于他们来说，不只是一种娱乐活

阴山岩画

动，在很大程度上与巫术有关。岩画中舞蹈的形式，有单人舞、双人舞、集体舞蹈。

在磴口县发现的一幅舞蹈图就与巫术相关密切。中央有3个舞者，皆有尾饰，靠其后有一舞者手持牛尾，舞者上方，有一被砍掉头颅的尸体，头颅弃于舞者脚下。

阴山岩画中还有多幅关于生殖崇拜的图像。过去，人们对生殖的道理还没有完全了解。也许是为了祈求部落昌盛、人丁兴旺，产生了生殖崇拜。

在乌拉特中旗发现的一幅岩画，所描绘的是三对男女在交合，它侧面地反映了当时人们祈求生育、繁衍人口的要求。

阴山岩画是不同时代由不同民族共同缔造的北方草原古文化艺术，它从多角度、多侧面直射或折射了当时人们的生活、生产状况。

草原文化特色与形态

阅读链接

阴山岩画内容极其丰富，除了文中所描述的类型外，还有各种动物足印、英雄画像、天文图等。

"蹄印图"散落在各地，其中能够辨识出来的有30多种走兽蹄印和4种鸟类爪迹。古老的年代有这样一种狩猎风俗，捕获到野物以后，猎人们一定欢呼雀跃，然后将猎物抬到石壁上留下1个蹄印，再由岩画"艺术家"加工成画，留作纪念。也或者是某个猎手见到或猎获过一种动物，于是就在发现这种动物的地方刻下它的巨大蹄印，向其他猎手指示它的踪迹。

在磴口县西北默勒赫图沟的崖壁上还有由80余个人头组成的"圣像"岩画。据推测，这些圣像可能是一个部落中受人尊敬的已故长者或部落英雄的画像。

它们寄托着人们的怀念，也向后人讲述着部落的历史。此外，还有用西夏文、回鹘文、藏文、蒙文记载的"书法图"、描写祭祀场面的"祈祷图"、描绘日月形象的"天文图"等。

大漠南北的草原地区，自古以来就是我国北方游牧民族活动的舞台，蒙古、匈奴、鲜卑、突厥、柔然、满族、汉族等多个民族在这个广阔的草原上繁衍生息，他们创造了丰富而独具特色的草原文化。其中，蒙古族是草原文化的集大成者，是草原文化的卓越代表。

蒙古自称青蒙古，是青色的圆天，青色的永恒的天的意思，这种思想意识渗透在蒙古文化的发生和发展的全部过程中。

在漫长的历史发展过程中，蒙古族在自身优良传统的基础上，借鉴其他民族和地区的先进文化，逐渐创造出具有本民族特色的文化形态。

草原拾英

文化内涵丰富的民间图案

蒙古族图案是最有生命力的美的形式，是蒙古族传统文化重要组成部分。绝大部分蒙古族图案都有着悠久历史。"图案"一词，蒙古族语统称为"贺乌嘎拉吉"。因为盘羊的犄角卷曲好看，所以一般类似犄角形卷曲纹样称为"乌嘎拉吉"，而其他类型纹样称为"贺"。

随着日用工艺品和图案艺术的发展，蒙古族人把一切器物的造型设计和各种纹样都称为图案。所以，图案在蒙古族人看来就是一切器物的造型和一切器物的装饰的平面设计图。

图案在蒙古族人生活中占据重要角色，蒙古族人生活中的衣、食、住、行、用，各种用具都或多或少和

汗帐前的苏鲁锭

图案有着密切的联系。

蒙古族生活是十分丰富的。作为反映生活、美化生活的图案来说，也是十分丰富的。从蒙古族图案看，美好的幻想、艺术夸张及生活的真实描写，是蒙古族图案的主要特征。在幻想和夸张中反映了广阔的现实生活，因而纹样奇异动人，具有浓厚的情趣。

蒙古族人民在创作图案时，在传统图案的基础上既以现实生活为基础，又不去照抄生活。这里有思想性和幻想的广阔天地，它总是通过夸张和幻想，创造那种虽不存在于现实生活中，却具有现实意义的形象。比如经常见到的狮子、龙、凤等各种动物图案常常添加卷草纹，形成极为生动的各种图案。

蒙古族劳动人民经过长期比较，挑选、创造并保留了符合自己生活情趣的各种图案。这些图案都有着浓厚的生活气息。从这些图案中能够看到蒙古社会各个时代的风俗演变。

蒙古地区的各种用品由于地区、材料、制作方法的不同而形式也不同，绘制在这些用品上面的图案也迥然不同，比如在纯牧区的锡林郭勒盟，群众喜欢穿马靴和布里阿耳靴，而半农半牧区的哲盟、兴安盟、昭盟等地则喜欢穿马海靴。这种马海靴上布满了图案，其造型和设计纹样显然和纯牧区不同。

■ 蒙古族卷鼻盘肠纹男皮靴

马海靴 蒙古族传统皮靴。流行于内蒙古等地。靴头尖而上翘，靴体宽大，以便在靴内套裹腿毡、棉袜、毡袜、包脚布等，裹腿毡露出靴筒外约两寸。靴面不同部位，以贴花、缝缀、刺绣等工艺装饰各种花纹、图案，穿着舒适保暖。

盘长纹 盘长又称吉祥结，原为佛教法器之一。因为绳结的形状连绵不断，没有开头和结尾，用它来表示佛法回环贯彻，含有长久永恒之意。佛教常用盘长装饰在佛的胸前，表示威力强大。有时寺庙殿堂的屋檐也有装饰。

由于半农半牧区农业的发展，各种花卉较多，当地的牧民们常用花作为装饰纹样。而在锡林郭勒盟等地区，则多采用卷草纹、各种盘长纹、云纹等传统图案。蒙古族图案艺术，可分为两大类：

一为自然纹样，其中花草纹有丹、梅、杏花、牡丹、海棠、芍药等；动物纹有蝴蝶、蝙蝠、鹿、马、羊、牛、骆驼、狮子、老虎、大象等，另有山、水、火、云之类纹样。

二为吉祥纹样，如福、禄、寿、喜、盘长、八结、方胜、龙、凤、法螺、佛手、宝莲、宝相花等。其中不少纹样同其他民族，特别是同汉族和藏族纹样关系密切，但在运用纹样时却显蒙古族特色。

蒙古族喜欢组合运用纹样，如盘长纹延伸再加卷草的云头纹，缠绕不断，变化丰富。技法多以几何形卷草纹为主，利用曲直线变化，表现不同的感情，将直曲矛盾的不同形式相结合，达到和谐统一。

蒙古装饰图案喜欢用点的表现方法，这和其具体制作工艺有密切关系，比如牧区的绣花毡、马海靴等用比较规则的不同疏密的排列点组成图案。这种点对丰富纹样的作用很大。

通过运用点的大小、疏密、轻重、虚实等各种不同的处理，可以获得不同的效果。点使用的方法很

■ 蒙古族驯鹿纹背板

多，有粗点、细点，有规则点和不规则点，有圆点和其他各种形状的点。

在绣花毡和马海靴上的点都是些虚点，集合起来形成虚线、虚面或衬托其他一些浮纹、主体图案。有时这些点也最能显示众多、聚散的现象。

此外，点有活跃感，比如在骆驼鞍的密集的点状底纹上，常常用几种艳丽的彩布较大的点装饰，具有活泼球体滚跳的联想。有时这些点给人以星星等闪烁的形象感。同等大小的点会给人们以串珠的联想等。

蒙古族图案中直线的用线是常见的。用长短不同、粗细不同、疏密不同的直线，作种种变化，形成了极好的图案，还用不同的折线，采取粗细、重叠、颠倒的方法画成各种交叉图案，常见到的有回纹和哈那式交叉图案和盘长图案等。

在蒙古族图案中最多见的是卷草曲线和云头纹之间的相交、相连的曲线，比如犄纹和卷草纹等。另外，还常常采用直线和曲线互相交叉，粗线和细线互相配合的形式，形成对比。

龙凤图案在蒙古族中应用得十分广泛，从元朝的箭筒等装饰上看，都有很精细的龙的图案。元集宁路遗址出土的"剔花瓷罐"上面绘有凤凰牡丹。内蒙古

■ 蒙古族博格达汗宫彩绘挂毯

卷草 这种纹饰是我国传统图案之一。多取忍冬、荷花、兰花、牡丹等花草，经处理后作"S"形波状曲线排列，构成二方连续图案，花草造型多曲卷圆润，通称卷草纹。因盛行于唐代故名唐草纹。汉代图案中已有卷草纹，唐代十分流行，宋元明清许多瓷窑产品上广泛采用。

凉城县双台子沟元代遗址挖出的遗物中，也有"双龙纹铜镜"等。

蒙古族人民认为龙是美好事物的代表，是天上的神物，人们喜爱它，因而在鞍桥、箱子、护书夹板、蒙古刀、银碗、建筑彩画、荷包、针扎等上面都用龙的图案来装饰。哲盟库伦旗出土的元代"青花玉壶春瓶"，上面绘有十分美观生动的凤的图案。

蒙古族图案的组织形式有：一是连续纹样的组织；二是适合纹样的组织；三是单独纹样的组织。

连续纹样，是用一个基本单位纹样向上下或左右连接，或向4个方向无限伸展，使它连续成大面积的图案，它的形式有二方连续和四方连续两类。这种连续纹样可以循环反复以至无穷。

二方连续是蒙古族图案中的一种组织方法，是一个纹样基本单位能向左右或上下连续，形成带子一般的图案。这与生活中的各种现象联想有关，是从生活中各种现象总结出来的。蒙古族二方连续图案经常用在衣帽的边饰，各种器皿的花边美化，等等。

二方连续主要分为两种格式：一种是上下连续的，叫作纵式连

草原文化特色与形态

■蒙古族战鼓图案

续；另一种是左右连续的，叫作横式连续。无论是纵式还是横式，都要先考虑一个基本单位，这个单位的连续的基本结构。二方连续可以衬托主题之用，而且还具有独立装饰的效果。

四方连续是蒙古图案中的另一种组织方法，是一个纹样单位能向四周重复地连续纹样和延伸扩展的图案。也叫四方连续纹样，由一个基本单位纹样向上下左右四方循环连续而成。

蒙古族经常用万形四方连续和水纹、火纹以及各种几何形四方连续。一般喜用散点构成方法连接。经常在绣花毡、鞍具、建筑的天花板等处使用四方连续图案。

适合纹样，蒙古语称为"套贺仁吉太贺乌嘎拉吉"。是把一枝花或云纹等恰到好处地安排在一个外形内，这一外形有明确的轮廓，比如圆形、葫芦形、杏花形、桃形、方胜形、云纹形等。

适合纹样中有边缘纹样、角隅纹样、中心适合纹样等，其中最基本的一类是以边缘纹样、角隅纹样、中心适合纹样等综合在一起运用的形式。在运用这种形式时其边缘纹样、角隅纹样、中心适合纹样，它们所占的部位、面积、大小比例适度。

单独纹样从组织形式上看，是与周围环境没有连续、重复的一种独立性的个体单位。它是利用一个单

■ 马头琴

荷包 是我国传统服饰中，人们随身携带的一种装零星物品的小包。造型有圆形、椭圆形、方形、长方形、桃形、如意形、石榴形等；图案有花卉、鸟、兽、草虫、山水、人物以及吉祥语、诗词文字等，装饰意味很浓。

桦皮画

位或几个单位配置在一定范围之内，并适应某种装饰形体的组织形式。

单独纹样的应用范围是多方面的，在日常生活中，到处可以运用这种纹样来装饰。单独纹样有规则和不规则两种组织形式，不规则形式比较自由、灵活，规则形式由于外形约束而变化受到限制。

蒙古族民间图案是蒙古族本原文化的活化石，是劳动群众创造的民间文化艺术，是蒙古族文化艺术的母体，是原始社会到原生文化的传承延续，并具有鲜明的民族特征，是蒙古族文化最有内涵且源远流长的文化形态之一，具有人类文化学、美学、艺术学等多种学科的文化价值。

阅读链接

西藏僧人散布在内蒙古地区的各个寺院，在客观上给蒙古族人带来了一定的佛教文化，如医学、药物、历法、建筑与美术等。这些佛教文化对进一步丰富蒙古族文化，有着一定的作用。

佛教的宝伞、双鱼、宝瓶、海螺、吉祥结、尊胜幢、法轮等八宝图案在蒙古地区广为流行，莲花等图案在原来的基础上用得更多了，特别是吉祥结图案更为蒙古族人所喜爱。

吉祥结图案在群众中从吉祥的意义变为团结的象征，单调的盘长图案已发展为多种多样的盘长图案，这种盘长图案也常常与卷草纹结合起来，构成曲线和直线对比的画面，形成了蒙古族人民十分喜欢的具有特色的造型美观的盘长图案。

深沉厚重的和林格尔剪纸

和林格尔位于内蒙古中南部，历史上是一块绿洲，它南倚长城、北亘阴山、西望黄河、东临岱海和蛮汉山，自古以来就是北方游牧民族和中原汉族交汇融合的重要地区。

和林格尔是蒙古语，意为20间房子，因清初新设驿站有20户人家而得名。各族人民世世代代在此和睦相处，繁衍生息，产生了歌谣、剪纸、岩画、壁画等民族民间艺术。

和林格尔剪纸就是由生活在这个地区的广大劳动人民创造的，深受当地人民群众所喜爱的民间艺术之一。

和林格尔剪纸

和林格尔剪纸是草原文化的重要组成部分，被誉为"民族历史

和林格尔民间剪纸艺术有着悠久的发展历史。古代生活在这里的北方马背民族，在他们的生活中开启了剪纸艺术的先河。

北魏鲜卑墓出土的金银箔透雕饰品，游牧毡帐上缀缝的装饰花纹，以及蒙古族制作的革囊、弓衣、箭筒、鞍鞯、毡绣，以及他们在服饰上经过精雕细刻的手工饰物，其实都是剪纸艺术的镂空透雕意识的本质反映，只是材料不同而已。

历史上大批内地汉族劳动人民内迁，使得这里呈现出多民族相互交融，繁荣发展的面貌，出现了"胡人有妇解汉音，汉女亦解调胡琴"的动人场景。

各民族生产、生活方式的融合，使得他们在审美方式、民俗习惯等方面也水乳交融，随之各民族的民间工艺不断得到交流和学习，和林格尔民间剪纸艺

哈木尔 指"哈木尔图案"，蒙古族人用"哈木尔"来称呼他们深深喜爱的图案。哈木尔图案与如意云纹十分接近。简洁的哈木尔图案遍布蒙古族人生活的各个角落，蕴含着蒙古族的文化精神和审美追求。

■ 剪纸——昭君送子

剪纸——情深意长

术就在这样的历史背景中，经过数代人不断传承、发展，走向成熟。

和林格尔剪纸艺术内容十分丰富，总体上反映了劳动人民对美好生活的追求和理想情感的抒发。他们在剪纸艺术中塑造了大量对自己生活有重要作用且感情深厚的马、牛、羊、骆驼、猪、鸡、鹅、兔；有祈盼风调雨顺的连年有鱼、鹿鹤同春；有象征吉祥的云纹哈木尔；象征团结和长寿的盘长纹；有寓意四季如意，生命轮回的万字图门贺；有表达男女爱情和自由的金鱼、莲花、扣碗、喜上眉梢、双鸟、蝴蝶等；有对人类生命繁衍赞美的石榴、西瓜、葡萄、蛇、龙凤、鹰抓兔、蛇盘兔等；还有佑护家人平安的狮子、老虎等。

有些内容则反映了人们自由自在的农耕和放牧场景，如《牧羊图》《蒙人进城》等，这些剪纸生动真

蛇盘兔 我国民间的一种吉祥象征。清明时节，人们为了纪念忠诚孝义的介子推，就用面粉捏成"蛇"和"兔子"的形状，"蛇"代表介子推的母亲，"兔子"代表介子推自己。"蛇盘盘，必定富"是一个民间谚语，寄托着人们追求富裕、美好生活的向往。

切，泥土气息浓厚。

还有些剪纸的表现则蕴含原始民族图腾、远古神话变异的神秘莫测的含义，如《蛟龙食鱼》《人骑龙》《鸡蟾御蛇》等。

另外有些内容也是人们喜闻乐见的民间故事和传说，如《牛郎织女》《刘海戏蟾》《昭君出塞》《走西口》等。

后来，还出现了不少反映现实生活，并具有强烈时代特色的新剪纸，大都是生活富裕了的人们对美好现实生活的赞美，如《科学种田》《草丰畜壮》《草原雄鹰》《甜梦》等。

他们用最纯朴、真挚的情感来抒发自己的审美理想，或质朴，或深沉，或粗犷，展示了他们极为丰富的内心世界和积极的人生态度。

和林格尔剪纸艺人不断积累创作经验，对物象的造型表现上，他们抓住事物的本质特征，不追求过多的琐碎细节描写，而重物象的大轮廓的"样"。

草原文化特色与形态

昭君出塞

■蒙古昭君出塞剪纸

他们恰到好处地运用锯齿纹、月牙纹、雨点纹，把传统剪纸装饰纹样发挥到非常饱和的状态。有时为了丰富艺术表现效果，但又不失整体，他们把锯齿纹做了变体，不留锯齿纹常有的间隙，冗密而生动，不落俗套，极好地服务于主题。

所有这些"大轮廓"造型或装饰纹样的表现技法都是为了展现被表现物象和作品本质的传神，而并非单纯地为装饰而装饰。

■ 剪纸——马头琴

为了表现马的不同质感，他们采用不同的运剪方式，或裁，或剪，或锥，或挤、挫、压，一剪多用，充分拓展了剪纸艺术表现的空间，大大增强了剪纸特有的艺术魅力和欣赏趣味。

和林格尔地区地理面貌造型变化丰富，北半部分为平川，水草丰茂，一望无垠；东南为山区。地形及位置的差异使得和林格尔剪纸艺术的风格在总体粗犷、深沉厚重的情况下又因地而面貌不同。

东南山区的剪纸呈现出装饰性强、粗率、简约的风格，但却意趣盎然，耐人寻味，在表现中较多运用阳刻，线条变化丰富，茁壮健美。

在山区流行一种衬色剪纸，即在已剪好的大幅作品下，分别在不同的结构部位下衬上各色彩纸、金银

昭君出塞 我国历史上的一个真实故事。王昭君原为汉宫宫女。公元前54年，匈奴呼韩邪单于同西汉结好，曾三次进长安入朝，并向汉元帝请求和亲。王昭君听说后请求出塞和亲。从而使匈奴同汉朝和好达半个世纪。

纸。这种装饰的处理手法，使剪纸更为艳丽多彩，给山区农家单调苦闷的生活带来不少愉悦。

和林格尔北半部分的川区在古代曾是敕勒川的一部分，辽阔的草原气息给这里的剪纸艺术的滋生发展注入了后天那份粗犷和奔放之气。

在明清时期，这里的蒙古族等少数民族与当地汉族人民交流频繁，并相互通婚，许多蒙古族弃牧从农，并过着定居的农耕生活。

因此，这里的民间剪纸艺术带有浓郁的牧歌风情。表现上多以阳刻为主，阴刻相辅，显得有纵有放，厚重而洒脱；在一些装饰性较强的剪纸中，表现风格则要比山区显得更为繁丽细密，工整精致。

和林格尔剪纸丰富的各具特色的表现形式，在人们的生活、生产中起到了特殊的作用，受到人们的普遍喜爱。作为古老的艺术之一，和林格尔剪纸历久弥新，越发散发出迷人的魅力。

阅读链接

张花女是和林格尔北部地区剪纸的代表，她在八九岁时学习剪纸，16岁开始了剪纸生涯。张花女的剪纸大多以阴刻为主，物象造型极其简约、夸张，内部的装饰也极尽简明扼要，月牙纹的表现运用较多。

张花女剪纸很少作详细的设计，一般都是用指甲或小铅笔头简要地勾画出所剪物象的大轮廓便开始剪，一剪一招，往往令人称奇。一次，她刚刚随手剪就一条肥硕的鱼儿，不慎将叠压的其中一条滑落在坑上，旁卧的花猫竟扑上去反复戏玩。

张花女创作的《午后锄苗》剪纸展现了一个离奇的故事场景：夫妇二人午后锄苗，妻子因劳累而坐于田埂之上小憩。正在此时，他们头顶一团乌云翻滚而至，似大雨将至。

在画幅右上角云雾蒸腾之隙，忽然一条蛟龙弓身而出，头回曲向左下方，似在有所搜寻。顺目而望，原来一只偌大的蜘蛛精正在仓皇逃奔。正在锄地的丈夫由于恐惧，身子不由得向后侧倒，一幅木然之状。整幅作品栩栩如生。

凝重质朴的蒙古族刺绣

　　蒙古族刺绣是蒙古族人民在长期生产生活中形成的一种手工艺术。蒙古族的刺绣艺术以凝重质朴取胜。其大面料的贴花方法，粗犷匀称的针法，鲜明的对比色彩，给人以饱满充实的感觉。

　　蒙古族刺绣艺术历史悠久，在13世纪下半叶以前，古代蒙古族人在生活中就很注重刺绣艺术，并且应用范围很广，如耳套、各种帽子、衣服袖口、衣领、大襟、蒙古袍的边饰、花鞋、靴子以及生活中所用的荷包、碗袋、飘带、摔跤服、毡袜腰边、枕套、蒙古包等上

蒙古族服饰刺绣图案

面都有精彩的刺绣。

图案有犄纹、鸟兽、五畜、各种花卉、卷草纹、万字纹、蝴蝶、蝙蝠、寿字、龙凤、佛手、方胜纹等。

公元前，匈奴人即已精于刺绣。从匈奴坟墓中发现了具有当地匈奴人的艺术特色的毛毯。上面有贴花形式的奇异图画，在毛织品上绣着三个骑马人和一个从花中长出的人形以及其他一些图案等。

在内蒙古四子王旗王墓梁元代汪古部王公贵族陵园的发掘中，出土过一种元朝或元朝以前用桦树皮围合而成的长皮筒，筒壁上接连处用彩色丝线缝合，外面包裹着色泽艳丽、花纹精美的各种花绸，上面缀连着各种各样的饰珠等物。从中可以真实地了解到古代蒙古族人的衣帽装饰，使用的图案纹样、色彩的运用和当时刺绣的大体情况。

《元朝的手工业》一文指出，元朝政府机构中设有绣局、纹锦局、鞋带斜皮局、鞍子局等机构，这些都与刺绣艺术有关，可见当时对刺绣的重视。

元朝时游历过我国的意大利旅行家马可·波罗曾说：

应知大汗……赐一万二千男爵袍服十三

■ 蒙古族服饰刺绣图案

方胜纹 传统寓意纹样。两个菱形压角相叠，组成的图案或纹样。"胜"原为古代神话中"西王母"所戴的发饰。明清以来成为吉祥图案中常见的纹饰之一。

次。每次袍色各异。此一万二千套同一颜色，彼一万二千套又为别一颜色，由是共为十三色。

此种袍服上缀宝石珍珠及其他贵重物品，每年并以金带与袍服共赐一万二千男爵，金带甚丽，价值亦巨，每年亦赐十三次，并附以名曰不里阿耳之驼皮靴一双。靴上绣以银丝，颇为工巧。

伊本拔秃塔志其自孔士坦丁堡至孚勒伽河之行程，曾言赐靴三次。一次赐毛织靴，二次毡靴，三次赐不里阿耳靴。言之，马皮与狼皮制作之靴也。后来即以马皮制成俄罗斯皮，而蒙古诸部之靴亦用马皮制造也。

这些靴子就是富有特色的蒙古族古老的刺绣艺术品，而这种马皮制造的布里阿耳皮，在蒙古族生活中使用得极为普遍，很多鞍具及布里阿耳靴就是用这种

■ 蒙古族烟荷包刺绣图案

■ 蒙古族刺绣图案

草原文化特色与形态

云锦 我国汉族优秀传统文化的杰出代表，因其绚丽多姿，美如天上云霞而得名，至今已有1000多年的历史。南京云锦与成都的蜀锦、苏州的宋锦、广西的壮锦并称"中国四大名锦"。南京云锦集历代织锦工艺艺术之大成，位于古代四大名锦之首。

皮做底缝制出各种贴花艺术，形成了具有独特风格的刺绣工艺品。

北元时期蒙汉族之间通过互市贸易和互相赠送礼品，蒙古族人不断地接触汉族的云锦、织绣的高度艺术，使蒙古族的刺绣不断地得到丰富、发展。

明清时藏传佛教盛行于蒙古地区，妇女中刺绣水平较高者，花费很多时间刺绣佛像，这种劳作练就了妇女们的刺绣技巧，使刺绣技术更上一层楼。

清朝时蒙古族王公经常来往于北京，满族的服饰，各种刺绣小品在蒙古族中也广为流行，北京荷包作坊生产的褡裢和一些精致的织绣小品，如扇袋、各种荷包等不断地传入蒙古地区。

清朝皇帝也不断将绣花荷包等物赏给蒙古王公，这对丰富蒙古族的刺绣起到了良好的作用。经过种种良好因素的促进和加强，蒙古族最终形成了独具特色的刺绣艺术。

蒙古族刺绣与生活和大自然有着密切的联系。刺绣艺术直接美化人民的生活，而刺绣图案的内容也是和生活、大自然分不开的。

蒙古族的衣、食、住、行中刺绣的使用很普遍，蒙古包自古以来就是蒙古族居住的一种帐幕，蒙古包的顶部和边缘装饰以及门帘都要用贴花刺绣方法装饰，地上铺的密缝毡子也要绣出各种图案，成为一种富有装饰性的艺术品，使牧民的生活更加丰富和舒适。

蒙古袍和生活中的长坎肩的"前襟花""衣侧花"以构图严谨多变，题材丰富多彩为特色，恰当的疏密安排，小花小鸟点缀的妥贴，浅黄、粉绿色的镶边，显得非常悦目。

蒙古族的这些刺绣品自然而不造作，朴实而无虚饰，在刺绣中质朴自然地歌颂了美好生活，使人从艺术享受中得到审美教育。

蒙古族刺绣大体上分为绣花、贴花、套古其呼、混合等几种：

绣花一般用绸布或大绒做底子，绣各种花卉、几何纹样、卷草纹、盘肠和交叉图案等，主要用黑布，有时用青色底布绣绿叶红花，一般花叶不重叠，色彩绚丽夺目，厚重强烈，富有装饰性。

蒙古族人绣花时一般没有花绷子，直接用手捏绣，操作简单自由，绣花时用对比色较多，红

蒙古族服饰刺绣图案

花绿叶，绣时常常采用建筑上的退晕法，浓淡层次较多，色彩调和而美观。

贴花就是把各式各样布料、大绒或皮剪成各式纹样贴在布底或毡底上再经过缝缀，锁边而成的一种刺绣装饰。这种贴绣在蒙古族当中是十分普及的一种刺绣形式，比如蒙古包门帘、密缝毡子、驼鞍等上面的刺绣采用的都是这种形式。

在蒙古草原的广大牧区，贴绣主要用土产材料白羊毛毡或布里阿耳皮进行设计贴花，用羊毛毡做底子时一般用大红布剪成各种图案贴绣于毡子上，四周边缘用赭色驼毛线缝结，既实用，又美观，形成了蒙古族独特的刺绣方法。看起来粗犷大方，醒目庄重，图案层次清楚，主次分明，对比强烈。

套古其呼就是用大小相等的点缝成各种图案，一般男靴不需要艳丽的花纹，而用很均匀的点缝制各种各样的花卉和几何图案，常常用万形图案，给人以朴素、庄重的感觉。

牧区的绣花毡、门帘、驼鞍等都采用这种方法。在缝制时细点要求圆润，粗点要求厚实，刚健而有力。点的排列要求均匀，纹样之间要有疏密浓淡之分。

混合类是蒙古刺绣中经常用的方法，比如在贴花上绣美丽的花朵，这是贴花和绣花相结合。套格其呼和贴

蒙古族服饰刺绣图案

花相结合的也很多，在套格其呼纹样中缝制贴花的方法用的更多，在生活中尤为多见，给人以美观大方的感受。牧区的毡制驼鞍和密缝毡子就是采用套格其呼和贴花相结合的方法缝制的。看上去主题突出，色彩鲜明，给人以很深的印象。

为了使刺绣品更加鲜明突出，更加美观大方，蒙古族刺绣常用以下几种表现技巧：

第一种是为了加强装饰效果，常用夸张的手法。如绣双驼或牛羊往往抓住其主要特征加以夸张，而对其四肢用省略的方法进行处理。采用卷草纹美化装饰，对其主要部分和引起美感的主要方面进行夸张，使人看了骆驼和牛羊的形象更突出，不失其主要特征，给人以更强的美感。

■ 蒙古族巴尔虎部服饰

第二种在刺绣的过程中，常使用对比的手法，如大与小，多与少，方与圆，曲与直，疏与密，虚与实，粗与细，等等，花与花对比突出其主花，叶与叶之间突出其主叶。蒙古族刺绣很喜欢对比法的应用，红花绿叶，采用退晕法的方法起到了减弱色相、纯度的作用，形成逐渐过渡的效果，这样处理显得对比强烈而不刺激。

第三种是概括的方法。在设计一件刺绣品时对大自然的各种花

■ 蒙古族刺绣

草、蝴蝶、鸟兽等都要进行详细的观察，然后用很简练的手法画出来，这就需要取舍概括，取舍概括不是把物象简单化，而是在透彻地理解规律的基础上，按着美的感受提炼升华。

第四种是添加的方法。添加的方法就是在绣花中常用的花中套花，叶中套花的手法，常见的是许多鸟形和马形荷包内又用各种花卉添加美化。

蒙古族刺绣以自己朴素而鲜明的色彩，活泼的针法，明快的线条，精细而粗犷的绣工为特色，通过不同材料的表现技巧，在漫长的历史发展过程中形成了自己独特的风格，成为草原文化重要的不可分割的组成部分。

阅读链接

在古代，蒙古族不论是贵族妇女，还是贫苦的妇女，一律学习掌握刺绣技术。

蒙古族少女从十几岁就开始学习刺绣，开始时绣各种荷包、袜底，到十五六岁掌握了一定刺绣方法后就开始绣各种花鞋、马海靴等，同时可以剪裁各种衣服。

有些聪明能干的姑娘不满足于从母亲那里学到的刺绣技巧，就去求教于村内的一些巧绣能手，称她们为姐姐，从师父那里耐心地学习各种高超的刺绣技巧，并缝制各种衣帽等，学习绣各种套袖、衣襟、耳套的制作方法，在各种不同的底布上刺绣各种花卉、鸟兽，以及各种自己所喜欢的图案。

草原民居特色——蒙古包

在漫长的历史时期里，草原民族逐水草而居，过着迁徙不定的生活，这就需要住所必须搭建方便、易于搬迁，同时，草原地区冬季多暴风雪，春季多大风沙，又要求住所既轻便又稳固；夏季气候炎热，

■ 蒙古包

内蒙古草原风光

还要求通风方便。蒙古包就在这样的条件和要求下应运而生。蒙古包是组合式的房屋，搭建、拆卸均很方便，用两三辆勒勒车载运或用两三峰骆驼驮运即可。据《呼伦贝尔概要》记载：

> 呼伦贝尔之普通蒙人，每限于游牧，依水草而居，转徙无常，概以穹庐为栖止。此种天幕生涯，可蔽风雪，可防虎狼。

蒙古包是圆形的，而且其架木结构十分合理，既能够紧密结合起来，又能够有效分担压力，抗风力强，稳固的蒙古包可在十级大风中岿然不动。可以说，蒙古包是草原民居的特色。草原民族被称为"毡帐之民"就是蒙古包的缘故。

蒙古包自匈奴时代起就已出现，一直沿用至今。蒙古包分固定式和游动式两种。半农半牧区多建固定式，周围砌土壁，上用苇草搭盖；后者以牛车或马车拉运建筑材料。来到一个相对固定地点后，将材料卸下，选好地点，搭建住所。

蒙古包主要由架木、苫毡、绳带三大部分组成。架木包括套瑙、乌尼、哈那、门槛。蒙古包的套瑙分联结式和插椽式两种，一般用檀木或榆木制作。

两种套瑙的区别在于：联结式套瑙的横木是分开的，插椽式套瑙不分。联结式套瑙有3个圈，外面的圈上有许多伸出的小木条，用来连接乌尼。这种套瑙和乌尼是连在一起的。因为能一分为二，骆驼运起来十分方便。

乌尼通译为细长的木棍，一般由松木或红柳木制作，椭圆或圆形，是蒙古包的"肩"，上联套瑙，下接哈那。其长短、大小、粗细要整齐划一，木质要求一样，长短由套瑙来决定，其数量，也要随套瑙改变。这样蒙古包才能肩齐，才能圆。

哈那是蒙古包围墙的支架，主要承套瑙、乌尼，定毡包的大小，最少有4个，数量多少由套瑙大小决

檀木 梵语是布施的意思，因其木质坚硬，香气芬芳永恒，色彩绚丽多变，百毒不侵，万古不朽，又能避邪，故而又称圣檀。世界上仅存有沉檀、檀香、绿檀、紫檀、黑檀、红檀等，而且数量极其有限。人们常常把它作为吉祥物，以保佑自己平安吉祥。

守护之魂

草原拾萃

■ 车载蒙古包

蒙古包夜景

定。哈那立起来以后，把网眼大小调节好，哈那的高度就是门框的高度。门由框定。毡门要吊在外面。

蒙古包里，都有一个圈围火撑的木头框，在其四角打洞，用来插放柱脚。柱子的另一头，支在套瑙上加绑的木头上。柱子有圆、方、六面体、八面体等。柱子上的花纹有龙、凤、水、云等多种图案。

顶毡是蒙古包的顶饰。顶毡是正方形的，四角都要缀带子，它有调节空气新旧、包中冷暖、光线强弱的作用。顶毡的大小，以正方形对角线的长度决定。裁剪时，以套瑙横木的中间为起点，向两边一乍一乍地来量，四边要用驼梢毛捻的线缭住，四边和四角纳出各种花纹，或是用2根马鬃马尾绳并住缝在四条边上，角上钉上带子。

顶棚是蒙古包顶上苫盖乌尼的部分。每半个像个扇形，一般由三四层毡子组成。里层叫其布格或其日布格。以套瑙的正中心到哈那头的距离为半径，画出来的毡片为顶棚的襟，以半个横木画出来的部分为顶棚的领，把中间相当于套瑙那么大的一个圆挖去，顶棚就剪出来了。

裁剪的时候，都分前后两片，衔接的地方不是正好对齐的，必须错开来剪。这样才能防止雨水、风、尘土灌进去。里层苫毡子在哈那和乌尼相交的地方必须要包起来，这样外面的毡子就不会那么吃紧，同时也使蒙古包的外观保持不变。

顶棚裁好后，外面一层周边要镶边和压边。襟要镶四指宽、领要镶三指宽。两片相接的直线部分也要镶边。这样做，可以把毡边固定结实，同时看起来也比较美观。

围绕哈那的那部分毡子叫围毡。一般的蒙古包有四个围毡。里外三层，里层的围毡叫哈那布其，围毡呈长方形。

外罩是顶棚上披苫的部分，它是蒙古包的装饰品，也是等级的象征。

围绳是围捆哈那的绳子，用马鬃马尾制成。分内围绳和外围绳。把马鬃马尾搓成六细股，三股左三股右搓成绳子，再用二、四、六根并排起来缝成扁的。这种围绳的好处是能用上力，不伸缩。

蒙古包内景

内围绳是蒙古包立架时，在赤裸的哈那外面中部捆围的一根毛绳。哈那的压力很大，内围绳的质量一定要特别结实。外围绳捆在围毡外面，分上、中、下三根。外围绳不仅能防止哈那鼓出来，还能防止围毡下滑。

压绳也叫带子，分内压绳和外压绳。立架木的时候，把赤裸的乌尼横捆一圈的绳子叫压绳。内压绳蒙古包内有4或6根，也用马鬃马尾搓成，较细。这些压绳和乌尼压绳一样粗细，防止套瑙下陷或上翘，是蒙古包顶保持原来的形状。

捆绳是把相邻两片哈那的口绑在一起，使其变成一个整体的细绳，用骆驼膝盖上的毛和马鬃马尾搓成。坠绳是套瑙最高点拉下的绳子。蒙古族人对这根绳子分外看重，用公驼和公马的膝毛或鬃尾搓成。大风起时把坠绳拉紧，可以防止大风灌进来把毡房吹走。

草原文化特色与形态

阅读链接

蒙古包后面总是立着一根光秃秃的木头杆子，人们十分敬重它，平常不准外人走近。

据说，汉朝使者苏武出使匈奴，被匈奴王流放在北海边。他刚到不久，降将李陵便奉命来劝苏武投降。被苏武痛骂一顿，还要举节棒打李陵，吓得李陵慌忙逃走。从此，匈奴王不给苏武饭吃，苏武便自己开荒种粮食。

不论是放羊打草、种地做活，还是行居坐卧，苏武出使的节棒一时也不离开身边，日久天长，节棒上的飘带和旄球都磨掉了，他还是带在身边。当地牧民见了，都非常敬佩他。

苏武被汉朝迎接回国后，当地人民为了怀念他，便都在蒙古包后边立了一根光溜溜的木杆，作为苏武当年时时留在身边的节棒的象征。

文化和美食相融的草原佳肴

　　辽阔的草原，优美的环境，清新的空气，以及优良的传统，促成了草原地区独特的饮食文化。蒙古族讲究饮食，饮食品种多样。传统饮食以奶食、肉食为主，粮食为辅。半农半牧区以粮为主，肉、奶为辅，农业区中肉、奶所占的比例相对要少。

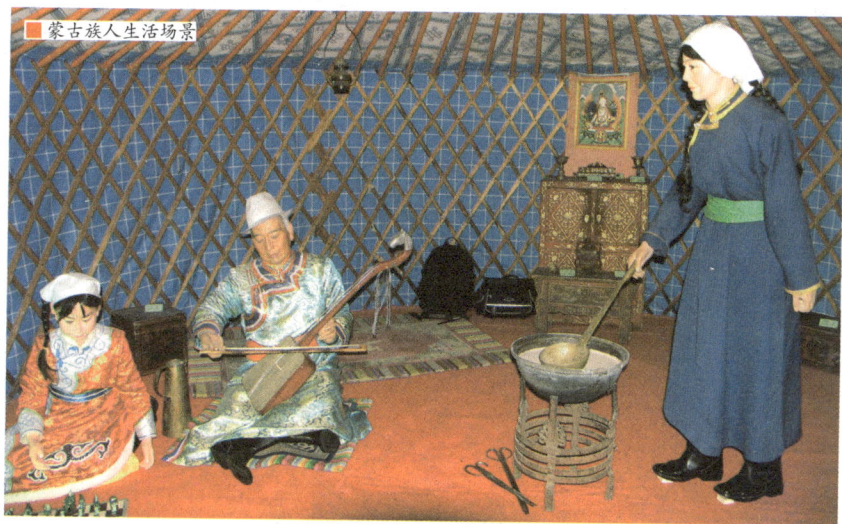

■ 蒙古族人生活场景

蒙古族称奶食为白食，蒙语叫查干伊德，意为圣洁、纯净的食品。在长期的游牧生活中，蒙古族创造了一套制作和保存奶食品的方法。

鲜牛奶经发酵、蒸、煮、晒等工序后，可以制成黄油、奶油、奶酒、奶干、奶皮等。这些食品既有营养又有不同的味道。

奶茶是蒙古族人离不了的饮料。奶茶的熬煮法，通常是将青砖茶或黑砖茶捣碎，抓一把茶装在小布袋里，也可不装袋，放入开水锅里煮。

茶在锅里翻滚时，要不断用勺子搅拌，三四分钟后，把新鲜牛奶徐徐加入。鲜奶与水的比例，可根据自己的条件和习惯而定。

奶茶开锅以后，用勺频频翻搅，待茶乳交融、香气扑鼻时，即成。奶茶一般为浅咖啡色。有的地方往奶茶中加点儿盐，有的地方把炒米或小米先用牛油或黄油炒一下，再放进茶里煮。这样既有茶香味，又有米香味。

■ 蒙古族金彩云龙纹奶食盘

蒙古族还喜欢将很多野生植物的果实、叶子、花都用于煮奶茶，煮好的奶茶风味各异，有的还具备防病治病的功效。

奶皮子是指牛、羊奶上面漂浮的一层脂肪和奶蛋白的混合物，其味有奶香和脂肪香，略有甜味，十分可口。

■ 蒙古族人生活场景

提取奶皮子的方法一般是在傍晚挤牛奶或羊奶，将奶静置一夜后，第二天撇去上面的浮油，这种浮油，像奶结了一层皮，所以称其为奶皮子。这种生奶皮子含有一定的酸质，自然发酵后略含酸味，吃起来有一股浓郁的香味。

还有一种奶皮子是在牛、羊奶煮熟后等奶凉却后，取下奶上面浮的一层奶皮子。这种熟奶皮子多为家庭制作，大多抹在馕上或是放在奶茶中食用。

奶皮子味道纯香，营养丰富。加上奶茶、奶果子、炒米食用，为招待贵宾的佳品，曾被称为"百食之长"。无论居家餐饮、宴宾待客，还是敬奉祖先神灵，都是不可缺少的。奶皮子不仅营养丰富，而且还有药用价值。元代《饮膳正要》说：

奶皮子属性清凉，有健心清肺、止渴防咳、毛发增色、治愈吐血之能。

《饮膳正要》

我国一部古代营养学专著，成书于1330年。全书共3卷。卷一讲的是诸般禁忌，聚珍品撰。卷二讲的是诸般汤煎、食疗诸病及食物中毒等。卷三讲的是米谷品、兽品、禽品、鱼品、果菜品和料物等。

炖制奶皮子要掌握火候，为使油层加厚，及时铲下锅沿上的粘贴部分并多次添加生奶。加奶和火候适当就能取出比较厚的奶皮子。火小奶皮淡薄，火大了则味焦。

做好的奶皮子要用一根干净的木棍从中间挑起，然后找一个阴凉通风的地方晾干，不能直接暴晒在太阳下，因为这样会使奶皮子变黄变硬。等奶皮子干了之后，就用一个半圆形的笸箩来存放，以备冬春季节食用。

取奶皮子剩下的是熟奶，熟奶可以做奶酪、加酸奶或者直接饮用。锅底残留的叫锅巴，是牧区儿童最喜欢吃的一种食品。

酸奶子，蒙语为"查嘎"或"艾日格"，是牧区的优质饮料之一。牧民一般不爱喝鲜牛奶，而喜欢喝酸奶子。制造方法有两种：一种是将鲜牛奶到入大锅中烧开，放在通风处晾凉，使其发酵，产生酸味；另一种是将鲜牛奶置于阳光下或温度高的地方，使其受热发酵，产生酸味，便成为酸奶子。酸奶子醇香扑鼻，清凉可口，可拌炒米或拌大米饭食用。

蒙古族人"白食"待客

蒙古族的红食是肉类，据《黑鞑事略》记载，蒙古族人的肉食品主要来自狩猎产品和家养牲畜。狩猎得来的动物包括野兔、鹿、黄羊等。而平常食用的主要是家养的牲畜，以羊为主，牛次之，不是大型宴会，一般是不杀马的，因为蒙古族人认为马是尊贵的动物。

羊肉常见的传统食用方法就有全羊宴、嫩皮整羊宴、煺毛整羊宴、烤羊、烤羊心、炒羊肚、羊脑烩菜等70多种。最具特色的是蒙古族烤全羊、炉烤带皮整羊或称阿拉善烤全羊，最常见的是手抓羊肉。

蒙古族人吃羊肉讲究清煮，煮熟后即食用，以保持羊肉的鲜嫩，在做手抓羊肉时，忌煮得过老。手抓肉，是蒙古族人经常当晚餐吃的一种食品。刚一煮熟即取出，置于大盘中上桌，大家各执蒙古刀大块大块地割着吃。因不用筷子，用手抓食而得名。

但内蒙东部蒙汉杂居地区的蒙古人也喜食煮时加作料，并把肉煮成酥烂的手抓羊肉。

有些地区的蒙古人还喜将羊腰窝的肉切成大片，挂糊油炸成炸肉片，民间称为大炸羊。

牛肉大都在冬季食用。有的做成全牛肉宴，更多的是清炖、红烧、做汤。为便于保存，还常把牛、羊肉制成肉干和腊肉。

■ 蒙古族奶酪

蒙古刀 是马背民族深爱的饰品，它不仅实用而且美观，是牧民生活中不可缺少的用具。它可以用来宰畜、吃肉、健身、防身，也可用来镇宅避邪，还可以当装饰品、陈设物。蒙古刀刀身采用优质钢材打造精磨而成，刀柄和刀鞘有钢制、木制、牛角制、皮制等，表面雕有精美的花纹或镶嵌五颜六色的珍贵宝石，同时还可以配置驼骨筷子等。

据文献记载，成吉思汗曾设过全羊宴。元世祖忽必烈登基时，也设全羊宴祭神祇、招待宾客。到了清代全羊宴更加盛行。

烤全羊、烤羊腿是内蒙古地区特别是阿拉善一带蒙古族人民招待尊贵客人的一道佳肴。烤全羊，蒙语称昭木。据史料记载，它是成吉思汗最喜欢吃的一道宫廷名菜，也是大元朝宫廷御宴中不可或缺的美食，其制作方法也一直由宫廷御厨及大都的各亲王府内的厨师掌握。

制作方法是选用上好的阿勒泰嫩羯羊，宰杀剥皮，去头、蹄、内脏，用一头穿有大铁钉的木棍，将羊从头至尾穿上，羊脖子卡在铁钉上。再用蛋黄、盐水、姜黄、孜然粉、胡椒粉、上白面粉等调成糊。

将调好的糊抹满全羊，接着将全羊头部朝下放入炽热的馕坑中。然后盖严坑口，用湿布密封，焖烤一小时左右，待靠里侧木棍处的肉呈白色，全羊成金黄色，取出即成。

蒙古族注重饮食的文化气氛，喜欢吃饭时歌舞相伴，隆重场合还要朗诵专门的祝词或赞歌。大部分蒙古族人都能饮酒，以白酒为主，有的地区也饮用奶酒和马奶酒。

马奶酒味道醇香，清凉解渴，是牧民款待贵客的最佳选择。蒙古族人为人豪爽，待客热情，每逢节日或客人朋友相

■ 蒙古族奶茶

聚，有畅饮的习惯。

莜面是内蒙古土默川平原及阴山山地、乌兰察布市南部、山西北部大同盆地地区以及河北张家口等地区的特色食品，其原料莜麦主要生长在无霜期短的山地区域。

莜面的营养成分是其他面粉营养成分的7倍以上。莜面中含有钙、磷、铁、核黄素等多种人体需要的营养元素，营养价值极高。

■ 蒙古族面食

相传，汉武帝时期战事不断，北方地区的匈奴经常骚扰汉地，造成了大量的人畜损失，人民苦不堪言，正常的生产生活无法继续。

消息传到朝廷，汉武帝大怒，随即命大军前去征讨。可是游牧地区的匈奴大军忽东忽西，作战不定，给汉军造成极大损失。

汉军屡战屡败，加上军队的补给全靠长安从内地及各郡征调，补给环节薄弱很容易遭到打击。而游牧民族的骑兵，靠掳掠为主，随军自带干粮，不仅没有被消灭，反而越战越勇，令汉军十分头痛。于是武帝采纳了大将军卫青的建议，命随军驻地垦荒，以供军需，并从各郡征调大批劳力调往河套地区。

当时别的农作物在当地产量有限，只有一种谷物一经播下，生长迅速，产量很高。汉军食后，力气大增。汉军最后战胜了匈奴。

汉武帝非常高兴，亲自到河套地区，犒劳三军，

汉武帝（前156—前87年），刘彻，幼名刘彘。汉景帝刘启的第十个儿子。汉朝第五代皇帝。我国历史上著名的政治家、战略家。他凭借雄才大略、文治武功，使汉朝成为当时世界上最强大的国家，赢得了一个国家前所未有的尊严。

并封敬献谷物的大臣莜司为大将军。从此这种谷物在中华大地扎下了根。

人们为了纪念这次胜利便称这种谷物为莜麦。清朝乾隆年间，莜面作为进贡给皇帝的食品被送往京城。

莜面有五大系列，蒸、炸、汆、烙、炒，共有数十个品种，其中蒸莜面常见的就有窝窝、馀馀、钝钝、饺饺、金棍、丸丸等各具特色的17种做法。

能歌善舞的蒙古族，自古以来以性情直爽、热情好客著称。当客人一踏入蒙古包，主人首先会献上香气沁人的奶茶，端出一盘盘洁白的奶皮子、奶酪。

饮过奶茶，主人会将美酒斟在银碗或金杯中，托在长长的哈达上，唱起动人的敬酒歌，款待远方的贵客，以表达自己的诚挚之情。

这时，客人理应随即接住酒，然后能饮则饮，不能饮品尝少许，便可将酒归还主人。若是推让拉扯，不喝酒，就会被认为是瞧不起主人，不愿以诚相见，等等。

阅读链接

蒙古族的奶酒，一般以马、牛、羊、骆驼的鲜奶为原料酿制而成。传统的酿制方法主要采用撞击发酵法。这种方法，据说最早是由于牧民在远行或迁徙时，为防饥渴，常把鲜奶装在皮囊中随身携带而产生。

由于他们整日骑马奔驰颠簸，使皮囊中的奶颤动撞击，变热发酵，成为甜、酸、辣兼具，并有催眠作用的奶酒。

由此，人们便逐步摸索出一套酿制奶酒的方法，即将鲜奶盛装在皮囊或木桶等容器中，用特制的木棒反复搅动，使奶在剧烈的动荡撞击中温度不断升高，最后发酵并产生分离，渣滓下沉，纯净的乳清浮在上面，便成为清香诱人的奶酒。

除这种发酵法外，还有酿制烈性奶酒的蒸馏法。

草原传统交通工具勒勒车

　　勒勒车又称哈尔沁车、辘辘车、罗罗车、牛牛车等，是蒙古族使用的传统交通运输工具。因为常以牛拉动，所以也叫蒙古式牛车。"勒勒"原是草原牧民吆喝牲口的声音。

蒙古族人迁徙场景

铁勒 我国古代北方一个少数民族，又称狄历、丁零、敕勒、高车。隋代起作为除突厥以外的突厥系民族的通称。语言、习俗均与突厥相同。546年后，铁勒诸部广泛地散布在从东到西直至黑海岸边的整个草原上。

柔然 4世纪末至6世纪中叶，继匈奴、鲜卑之后，活动于我国大漠南北和西北广大地区的古代民族之一。他们的语言属于阿尔泰语系，信仰萨满教和佛教。

■ 蒙古族古代勒勒车

勒勒车历史悠久，其起源已经无法考证，通过汉代古籍的记载，可知秦汉之际，生活在北方草原地区的匈奴人就已经掌握了造车的技术。

勒勒车有记载的起源可上溯到《汉书》所记载的辕辐。到南北朝时期，生活在北方草原地区的鲜卑、柔然、铁勒等民族，其造车技术已经相当高超。

北朝时的铁勒人就以造车闻名，他们造的车，车轮高大，辐数很多，比较适应草原环境，正因为如此，被史书上称为高车人。

辽代时期，蒙古族造车技术已经很发达，他们制造的车广泛应用于游牧生活中。凿刻在乌拉特中旗几公海勒斯太山崖上有多幅车子的岩画。

据考证：

其式样与北魏车型很相似，为双辕双轮，车厢上有毡帐，可以乘坐或居住。

■ 蒙古族古代勒勒车

从秦汉时期以来，勒勒车一直是草原牧人最重要的交通运输工具，有"草原之舟"之称，在蒙古族的生产生活中发挥着巨大的作用。

勒勒车载重数百斤乃至千斤，用牛拉、马拉、骆驼拉都行。拉水、拉牛粪、搬家、运送燃料、婚丧嫁娶及运输生活日用品等都离不开它。战时勒勒车还常用来作驮运军队辎重的战车。

勒勒车一般车身长4米以上，车上可带篷，车厢开若船舱，常常是一家人住在里面。蒙古族人逐水草而居，频繁搬迁，家车即勒勒车一走家便跟着走了，称为牧民流动的家。

勒勒车的特点是车身小，双轮大。车轮高大是因为牧区冬天雪深过膝，夏季草深，沼泽地多，轻便灵活、车轮大的勒勒车，无论是牧草繁茂的草场，积雪深厚的雪野，还是泥泞的沼泽或者崎岖的坡道，都能

《汉书》 又称《前汉书》，由我国东汉时期的历史学家班固编撰，此书是我国第一部纪传体断代史。全书主要记述了上起西汉的汉高祖元年，即公元前206年，下至新朝的王莽地皇四年，即公元23年，共230年的史事。《汉书》开创了我国断代纪传表志体史书，奠定了修正史的编例。

■蒙古族带篷的勒勒车

够顺利通行，因此被牧人誉为"草上飞"。

大型的勒勒车队首尾串联，一人可驾驭三五辆，甚至十余辆，有"草原列车"之称。最前面的叫"忙豁仑"，为了不使车队走散，每头牛的犄角都用绳子相连，最后一辆车拴有大铃铛，"叮当叮当"地响，以便使最前面的驾驭者能够听到。

勒勒车队的最后3辆车是专门用来拉蒙古包的。有的人家东西很多，就有闲物车。另外，还有空车，上面什么也不放，以备不时之需。有意思的是，这样庞大的勒勒车车队的驾驭者多为妇女和儿童。

有时这种庞大的勒勒车队要行至百里。为了躲避烈日的照晒，牛车的行动多半是在太阳已经傍西或日暮之前开始，行至子夜前。第二天在日出之前再接着走，到午前停止。一般来说，行程长的车队行至7天时，牲畜要有1天休息时间。

勒勒车是一个通称，实际使用时，根据勒勒车不同用途还有许多具体名称，比如：装衣服和装食物的车共同称为箱子车；装佛像、佛灯、佛龛、香烛、经卷及贵重物品的车称为佛爷车；专门拉水的车称为水车；专门放牛粪和引火柴的车称为柴薪车。

勒勒车的制作通常以草原上常见的桦木为原料，这些树多生长在牧区的山岳地带。桦木质地坚硬，耐磕碰，质量又轻，着水受潮不易变形，适宜在草原、沙滩上通行，因此是制作勒勒车首选的材料。

勒勒车整车不用铁件，结构简单，便于制造和修理。它的构造分为车上脚和车下脚两部分。车下脚是由车轮、车轴、车头组成的。

勒勒车的车轮子一般是由6个木辋组成的，辋为弧形，衔接为一个轮子，车轮的高度为1.5米，每台车共2个车轮。车轴心长达45厘米，外端直径约为29厘米，内端直径为32厘米。

轴条一般用榆木和柞木制作，每根长达65厘米。车轴心与车辋之间，放射状排列36根车辐，支撑车轮。车轴两端有车头，这些部件构成车下脚。

车上脚是由车辕、车撑、车槽组成。车辕长达4米多，其后半部分配以8至10条横撑，辕穿过约1.5米的车槽。在两辕顶端系以编好的绳状柳条，套于牛脖

佛龛 供奉佛像、神位等的小阁子，一般为木制。龛原指掘凿岩崖为空，以安置佛像之所。现今各大佛教遗迹中，如印度之阿旃塔、爱罗拉和我国云冈、龙门等石窟，四壁皆穿凿众佛菩萨之龛室。后世转为以石或木，做成橱子形，并设门扉，供奉佛像，称为佛龛；此外，亦奉置开山祖师像。

■ 蒙古族勒勒车

子上悬的横木上。这样，勒勒车就可以在交通不发达的沼泽、草地、荒滩上自如地前进。

为了结实，车辋外一般扣一个铁瓦，车毂的轴孔里也放个铁箍，车轴上则套一个铁圈。穿上车轴后，车轴外面还插一根别棍称为车辖。

勒勒车体上有用柳木条弯曲成半圆形的车棚。棚周围包以羊毛毡，形成篷帐，用以遮阳光、挡雨、防雪、御寒。

各地的勒勒车体态构造基本相同，但也有一些适合本地特性的改造，如多山地地区的勒勒车，辕条短、轱辘大，不易倾倒，驾驭起来精干得手，很适应山岭沟壑地形。

勒勒车是草原文明的一个代表，在蒙古族的发展史上起到了十分重要的作用。对草原上的牧民来说，勒勒车装载着他们的幸福和吉祥，装载着他们的企盼和回忆。

阅读链接

"勒勒车承载着游牧人的历史"这句话有一定的道理。虽然今天勒勒车在草原上极少见到，但一直到20世纪六七十年代，它还是牧民主要的交通运输工具。

蒙古族人自古有推崇轮子的习俗。蒙古语将轮子称为"独贵"或"库日独"。佛教风俗里崇拜的八种宝物中就有"库日独"，实际上就是车轮经过装饰的形象。

蒙古族人使用的勒勒车种类比较多，其轮子有凿制辋的，也有制辋的。前者一般具有6个辋、18个辐，后者有2个辋、22个辐。有一种勒勒车是具有4个切制辋和"廿"字形辐的车，一般有5个横。现在这种车很少见。

勒勒车不仅是运输工具，也是牧民们的储藏用具，有时也当作睡眠和守夜的场所，在蒙古族人信仰萨满教时代，勒勒车也是供奉萨满教偶像的场所。

艺苑民风

　　优良的基础加上良好的契机，造就了辉煌的草原文化。草原文化属于多元文化，是在和其他民族以及地区文化相互碰撞、交融的基础上，融会贯通而成的复合型文化，因此，草原文化具有浓厚的地域特色和民族特征。

　　不同的文化形态在不同历史时期从不同角度为草原文化注入了新的文化元素和活力。

　　作为中华文化中最具古老传统的地域文化之一，草原文化在吸纳多种传统文化营养的基础上，不断推陈出新，不断吸收新鲜血液，形成新的统一。

　　作为草原文化的集大成者，蒙古族文化也焕发出历久弥新的艺术魅力。

洋洋大观的编年史巨著

13世纪初，蒙古族创制了自己的文字。此后，各种形式的历史、文学作品相继问世，有些一直流传至今。其中，历史著作以《蒙古秘史》《蒙古黄金史》《蒙古源流》最为著名，被称为蒙古族的三大历史巨著。

《蒙古秘史》，又称《元朝秘史》《元秘史》，蒙古语为"忙豁它纽察脱卜察安"。约成书于13世纪中叶。该书是蒙古族第一部用蒙古文写成的文学巨著，是蒙古族最古老的文学典籍之一。全书共282节，有12卷和15卷两种分法。

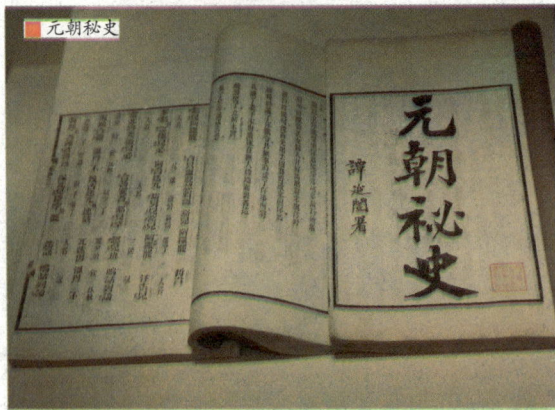

元朝秘史

《蒙古秘史》是一部编年体史书，根据古代蒙古族人民世代相传的口头故事，生动地记述了12世纪以前发生在蒙古草原，包括成吉思汗先世的动人传说在内的种种事件。

同时如实地叙述了当时蒙古社会政治、经济状况、阶级关系以及成吉思汗的生平事迹、窝阔台时期的史实等。该书是研究蒙古族早期历史、社会、风俗、语言文学的宝贵资料。

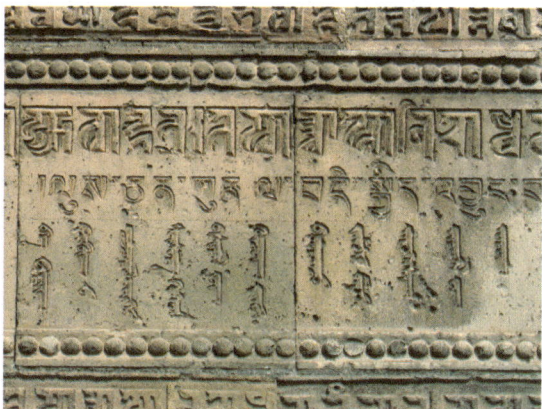
■ 古代蒙古文

《蒙古秘史》不同于一般的史籍，它具有草原文化的鲜明特点，特别是带有英雄史诗的斑斓色彩。书中关于蒙古族祖先起源的记载，就是将神话传说以史诗的风格叙述出来。

《蒙古秘史》的叙事风格也是将散文体和韵文体、叙事和抒情相结合，叙事时朴实清晰，详略适宜，人物生动，对话传神，其间在矛盾冲突、事件发展的关键时刻，则以抒情的精彩段落浓墨重彩地加以渲染。

《蒙古秘史》将神话传说、英雄史诗、祝词、赞词、民歌等诸种传统的民族文学体裁有机地融合在对历史的记述之中，创造了历史文学体裁的新形式。

《蒙古秘史》最初是用畏兀体蒙古文写的，因此，该书的写作风格完全不同于历史上的所有汉文史籍，具有浓厚的游牧民族的语言特色。

编年体 我国传统史书的一种体裁。编年体以时间为中心，按年、月、日编排史实，是编写历史最早也是最简便的方法。编年体比较容易反映出同一时期各个历史事件的联系。《春秋》《资治通鉴》等史书就是按照这种体裁编撰的史书。

■ 元代官员蜡像

草原文化特色与形态

谚语 是熟语的一种。是流传于民间的比较简练而且言简意赅的话语。多数反映了劳动人民的生活实践经验，而且一般都是经过口头传下来的。它多是口语形式的通俗易懂的短句或韵语。

《蒙古秘史》作者鲜明的思想倾向，不仅通过记述的形象性自然流露出来，而且常常专门展开抒情的篇章，以作者的口吻或者作品中人物的口吻，将内心的思想感情直接抒发出来，达到以情感人、以情塑像、以情咏史的目的。

《蒙古秘史》的价值是多方面的。在蒙古历史、文学、语言以及其他一些领域都占有重要地位，且有巨大而深远的影响。

《蒙古秘史》的出现，标志着一种新文学体裁——历史文学的诞生。它以散体和韵体、叙事和抒情相结合的文体叙述国史，并广泛地吸收和利用了民间文学诸多体裁，如神话、传说、史诗、民歌、谚语、祝赞词等。

从反映的历史跨度之长，展开的斗争画面之广，描写的矛盾斗争之激烈，塑造的人物之多，特别是散、韵精美的文学艺术语言来看，没有任何一部作品可以与之相比。其思想艺术成就，在当时也具有无可比拟的高度。

《蒙古黄金史》，也译作《蒙古黄金史纲》《阿勒坦·托卜赤》。为蒙古族编年史，蒙古族学者罗卜藏丹津著。成书于明末清初，是一部承上启下较为完整的古代蒙古史，书中记述了蒙古族从古代至明末清初的历史。

书的前半部转录了《蒙古秘史》全书282节中的233节，补充了蒙古族兴起前后的一些历史和其他内容。后半部主要利用了《黄金史纲》等书。

对窝阔台之后至明末清初的蒙古史作了较为完备的记述和补充。由于作者笃信佛教，书中充满了浓厚的佛教色彩。是研究蒙古史，特别是明代蒙古史的重要著作。

佛教 最早的世界性宗教，距今有3000多年历史，在东汉明帝时经丝绸之路正式传入我国。佛教是世界三大宗教中历史比较悠久、影响也比较大的一个宗教。佛教虽然来自印度，但其成熟和发展是在我国完成的，它既吸收了我国传统文化，又丰富了中国传统文化，具有博大精深的文化内涵。

■ 元代大汗行宫场景

《蒙古源流》，原名《哈敦·温教苏努·额尔德尼·托卜赤》，蒙古编年史。1662年鄂尔多斯部蒙古族学者萨囊彻辰用蒙文著成。

1776年喀尔喀亲王成衮扎布把家传手抄本进献清高宗，第二年奉敕译成满文，后又由满文译成汉文，定名为《钦定蒙古源流》，简称《蒙古源流》。

全书共分8卷，第一、二卷叙述印度、西藏佛教概况，第三卷至第八卷按时代顺序和蒙古世系记述蒙古的历史。

该书是作者利用了《本义必用经》《汗统记》《崇高至上转轮圣王敕修法门白史》《古蒙古汗统大黄史》等7种蒙、藏文资料，并结合自己的亲身经历和见闻写成的。

其内容广泛，从世界的形成、佛教的起源与传播，到蒙古族的起源、元明两代蒙古各汗的事迹等均有涉猎，其中对达延汗和俺答汗的活动记述尤详。是研究蒙古族历史、文学、宗教，特别是明清蒙古族历史的重要史籍。

草原文化特色与形态

阅读链接

13世纪蒙古贵族进入中原，建立了元朝，定都北京。皇帝祖先被称为"黄金家族"，所遗留下的家谱档册、世袭谱册被称作"金册"，这些"金册"均珍藏于皇宫之中，历代皇帝皆这样做。

在元朝末年，明军北伐，围攻首都北京，元末皇帝元惠宗妥懽帖睦尔仓皇逃离北京，来不及携带这些"金册"。这些珍贵的文献被明军保存，明王在这些文献资料的基础上组织人编纂了《元史》。

由于藏这本书的地方在皇宫内，不仅外人看不到，就连朝廷中的一般史官也未曾见过，保存得比较秘密，所以人们把它称为《蒙古秘史》，又因为是记载元朝的变化发展的，所以又称《元朝秘史》。

民间大型讽刺文学故事

在蒙古族民间故事宝库中，《巴拉根仓的故事》是其中最具代表性的民间大型讽刺幽默故事群，是蒙古族民间讽刺文学的代表作。

"巴拉根仓"是人名，蒙古语意为"丰富的语言"或"智慧的宝

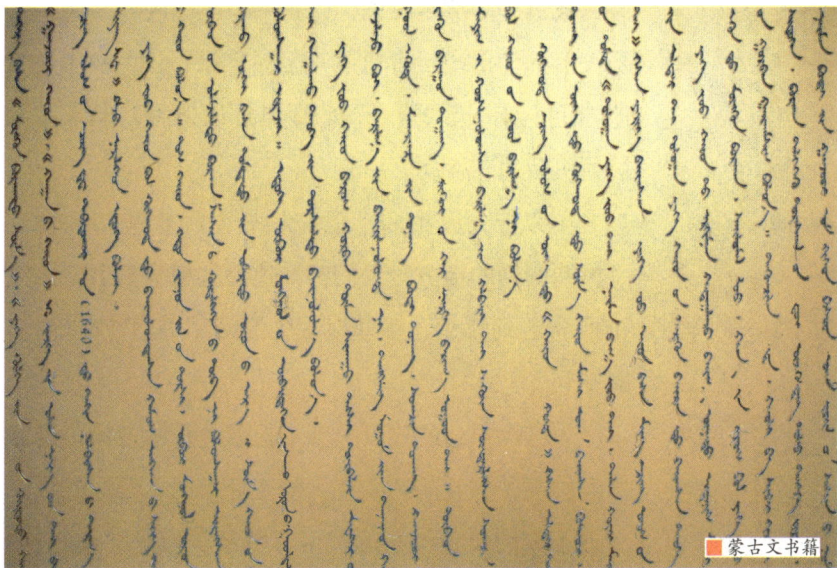

蒙古文书籍

■ 蒙古族牧民柜橱

藏族 是我国56个民族中的一个民族。主要聚居在西藏自治区以及青海、甘肃、四川、云南等省。人种属于蒙古人种。以从事畜牧业为主，兼营农业。藏族有自己的语言和文字。藏语属汉藏语系藏缅语族藏语支，分卫藏、康方、安多三种方言。现藏文是7世纪初根据古梵文和西域文字制定的拼音文字。

库"。巴拉根仓并非实有其人，他是蒙古族劳动人民根据自己的想象虚构出来的理想人物。其人其事在我国内蒙古的呼伦贝尔、科尔沁、鄂尔多斯和青海、甘肃、新疆的蒙古族聚居区，有着广泛的群众基础。

故事中，巴拉根仓同情人民疾苦，到处替被侮辱、被迫害的贫苦牧民伸张正义，他同凶残暴戾、腐朽没落的僧俗统治者勇敢斗争。官僚、牧主和僧人给他加上"流氓""骗子"的罪名加以迫害，但每次都被他机智地斗败。

在穷苦人民中间，巴拉根仓受到欢迎和称赞。"风能刮到的地方，人们都知道巴拉根仓的名字。巴拉根仓走到哪里，哪里就是他的家，哪里就有许多朋友"。

《巴拉根仓的故事》基本框架是从蒙古族古老的民间故事《答兰胡达勒齐》演变而来的，历史悠久，有近千年的历史。它的产生、发展、形成大致经过3

个阶段。

《巴拉根仓的故事》产生于13世纪至14世纪，发展于14世纪至16世纪，形成于17世纪至20世纪。据不完全统计，该故事群约有长短不一的故事200多篇，其中大部分反映农业文化出现以来的蒙古族社会生活。

该故事在不同时期、不同地区、不同人群中流传的过程中不断得到发展，在其发展过程中，不仅受到蒙古族其他民间文艺的影响，也受到过印度和我国藏族民间故事的影响。

《巴拉根仓的故事》每一篇篇幅都不长，人物也少，语言大众化，单独看，每一篇都是首尾连贯的独立故事，但是，各篇又可以串成一个长篇讽刺幽默故事。

从整体上，可将《巴拉根仓的故事》分为几个类别。一类是藐视权贵。这类故事主要表现为如下情节：因为巴拉根仓聪明机智，美名远扬，一些权贵恶官就找到他，故意用一些看起来不可能回答的疑难问题刁难他。结果，被巴拉根仓捉弄得威风扫地，自讨没趣。

流传较广的有：《让王爷下轿》《摔锅》《智慧囊》《惩治宝日勒代巴彦》《自找没趣》《种羊难产》《雨淋挑战者》《抽签比赛》《抗争额么乎勒代诺颜》《欺骗哈盖诺颜》《修理县官》《穿单袍九九寒天在打谷场过夜》等。

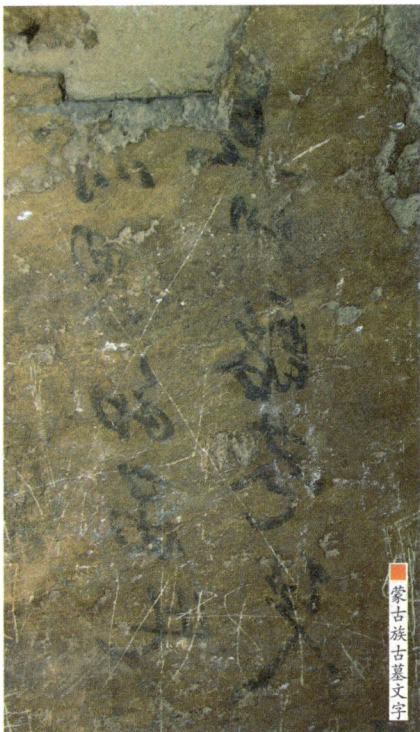

蒙古族古墓文字

■ 蒙古碑文

鼻烟壶 盛鼻烟的容器。小可手握，便于携带。我国鼻烟壶，作为精美的工艺品，集书画、雕刻、镶嵌、琢磨等技艺于一身，采用瓷、铜、象牙、玉石、玛瑙、琥珀等材质，运用青花、五彩、雕瓷、套料、巧作、内画等技法，汲取了域内外多种工艺的优点，被雅好者视为珍贵文玩，在海内外享有盛誉。

故事《让王爷下轿》讲道：王爷自认身份高贵，聪明伶俐，故意让巴拉根仓想办法把他骗下轿子。

巴拉根仓不慌不忙地恭维王爷道："不敢，不敢，我怎么能把王爷赶下轿子来呢？如果王爷下了轿子，我倒是有办法让您上轿子。"

王爷心想：巴拉根仓是一个平民百姓，怎么也不敢把我赶下轿子，请我上轿子还差不多，但是只要我不上，他又奈何得了我？

王爷从轿子上下来，双脚一着地，巴拉根仓就笑着说："聪明的王爷，这不是把您骗下轿子了吗？"

王爷才知上了当，马上又钻进了轿子。此刻等于巴拉根仓没说一句话，又让王爷上了轿子。

羞愧的王爷让轿夫抬轿快走，轿子刚抬起，巴拉根仓又大喊一声："站住！"

王爷以为又出了什么事，急令轿夫停下。巴拉根仓哈哈大笑，王爷又一次上了当。这一轮的下轿、上轿、停轿，王爷完全败给了巴拉根仓。

一类是惩治奸商。这类故事主要有《还本付息》《井底捞鼻烟壶》《打官司》等。

《还本付息》讲的是：巴拉根仓为了惩罚放高利贷者，去他家借虱子，放高利贷者为了戏弄他，真叫用人找了一把虱子给了巴拉根仓。

没过几天，巴拉根仓拿来一袋虱子、臭虫倒在放高利贷者的面前，还慢悠悠地说："这是按你家规矩还本付息。"吓得放高利贷者狼狈逃窜。

一类是戏弄吝啬鬼。故事《为吝啬鬼打工并坚持了三个习惯》讲道：有个吝啬鬼虽然牛羊满山坡，但对雇工很苛刻。

巴拉根仓为了给雇工们报仇，特意去应聘，并提了三个要求，即干活不说话、做生意一定要占便宜、干活从早到晚不休息。

吝啬鬼很高兴，录用了他。结果是吝啬鬼的孩子掉进井里时，巴拉根仓不报告，使孩子出了意外。让

俸禄 我国古代朝廷按规定给予各级官吏的报酬，主要形式有土地、实物、钱币等。我国古代俸禄制度的发展可分为三个时期。商周时期因官职同爵位相一致，并且世代相袭，俸禄实际上是封地内的经济收入。即俸禄表现为土地形式。春秋末期至唐初主要以实物作为官吏的俸禄。唐初以后，主要以金银钱币作为官吏的俸禄。

■ 岩壁上的蒙文字

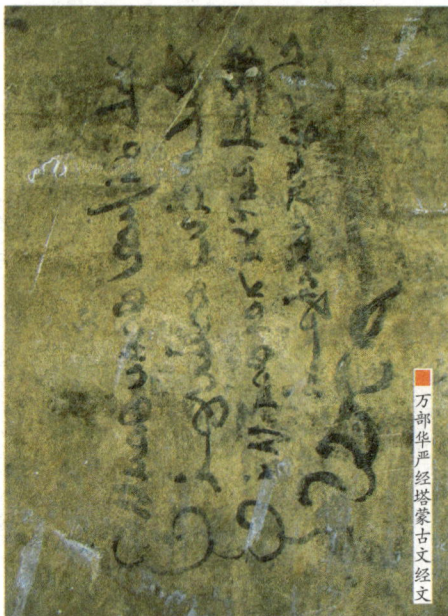
万部华严经塔蒙古文经文

他去买棺材，他买回2个，因为买2个比买1个占便宜。为孩子办葬礼，让他去宰1只羊，他去山里，一宰就是1天，把吝啬鬼的羊宰了一大半。

一类是嘲弄伪善者。这类故事有《当场揭底》《吃双俸禄的诺颜》《试探信徒的信仰》等。

这类故事主要是讲，在旧时代，无论是诺颜还是高僧，都想信佛行善，希望通过假仁假义来获得民众的尊重和爱戴。但是，巴拉根仓却看透了这些伎俩，并当面揭穿了诺颜和僧人或尼姑的伪善。

在巴拉根仓的故事里，有一组是特意描写和阎王斗智的，如《巧用智慧劝退阎王使者》《让牛头鬼和马头鬼推磨》《让牛头鬼和马头鬼把犁种地》《给光头鬼生头发》《红辣椒治小鬼眼病》《把鬼魂关进膀胱里玩》《让阎王七使者见到人世》等。

在这些故事里，巴拉根仓的大胆无畏表现得淋漓尽致，直至他最后当上了阎王。

另外，也有一些惩戒色魔的故事，流传最广的就是《黑猫和黄猫》。

巴拉根仓充满智慧，每次和封建僧俗恶势力交锋，都能取得胜利。他的智慧是通过他的讽刺和幽默表现出来的，其中善于说谎是他的最大特点。

巴拉根仓的说谎充满了哲理性，表面上是在撒谎，其背后则往往

草原文化特色与形态

揭示了事实的真相或事物发展的趋势，使故事不仅趣味横生，更让人觉得真实可信，从而赢得了人民群众普遍的喜爱。

《巴拉根仓的故事》不仅思想上能给人以启示，艺术上也具有鲜明的特色。基调粗犷质朴而明朗，具有浓厚的浪漫主义色彩，形象表现和叙述方法独特，语言清新、质朴、锋利。

情节结构具有谜语式的特点，往往把画龙点睛的伏笔设在关键所在或故事的末尾，一经点破，妙趣横生，让读者在笑声中悟出深刻的道理。这些因素使《巴拉根仓的故事》充满了艺术的魅力，深深吸引了广大读者。

《巴拉根仓的故事》是蒙古族人民集体智慧的结晶，是一部充满积极进取精神的讽刺幽默故事群。这些故事真实地反映了当时的社会矛盾，其讽刺幽默的文学风格至今在文坛上仍有重大的借鉴意义，其故事仍在很多地区被传颂。人们往往把一些幽默而机智的人，称为巴拉根仓，或把一些好说谎取笑的人称为巴拉根仓。

阅读链接

在辽宁阜新蒙古族中，有一本故事集叫《瑞应寺传说》。这本书中收集了阜新地区流传的20个关于巴拉根仓的故事。

故事中的巴拉根仓，七八岁时出家到瑞应寺，拜一高僧为师。一天，师父外出诵经，巴拉根仓无事逗趣，头戴纸帽子，反穿羊皮袄，手持红缨枪，又蹦又跳。

在玩得高兴时，正值落日黄昏，师父回来进门一看，惊呼"宅院里闹鬼啦！"便昏倒过去。因惊吓师傅，巴拉根仓被赶出了寺庙。在寺庙期间，始祖活佛赐名为"巴拉根仓"。

阜新地区流传的关于巴拉根仓的故事，多为同情人民疾苦，替被侮辱、被迫害的贫苦农民伸张正义，与那些作威作福的王爷、地主等斗争的故事。

影响深远的英雄史诗

　　史诗是一个民族形成精神支柱的重要体现。一部英雄史诗，特别是一部鸿篇巨制的英雄史诗，往往对于民族精神的形成与发展具有广泛、深远的影响。在东起黑龙江、西抵天山、南达青藏高原的广袤地

■ 部落首领塑像

王昭君出塞画卷

区，集中了我国绝大多数的英雄史诗。

《格萨尔》《江格尔》和《玛纳斯》是我国草原地区英雄史诗的杰出代表，规模恢宏，篇幅浩大，内容丰富，文化内涵深刻，具有极强的艺术感染力，是中华民族文化宝库中不可或缺的精神财富，也是世界史诗宝库中不可替代的瑰宝。

《格萨尔》原产生于藏族地区，后流传于蒙古族地区。史诗长达18000行，不仅口头流传于蒙古族各部，而且形成了各种手抄本、木刻本，对蒙古族文学，特别是叙事文学的发展产生了极为深远的影响。

作为一部不朽的英雄史诗，《格萨尔》是在藏族古代神话传说、诗歌和谚语等民间文学的丰厚基础上产生和发展起来的，提供了宝贵的原始社会的形态和丰富的资料，代表着古代藏族文化的最高成就，同时也是一部形象化的古代藏族历史。

《格萨尔》中，无论是正面的英雄还是反面的暴君，无论是男子还是妇女，无论是老人还是青年，都刻画得个性鲜明，形象突出，给

■ 蒙古族人生活场景

卫拉特 古代蒙古西部民族。明代称瓦剌，17世纪后期称卫拉特，又称厄拉特、厄鲁忒、额鲁特。历史上蒙古族是由两个基本部分组成的。一部分为"草原百姓"，另一部分为"林中百姓"。"林中百姓"又分为卫拉特和布利亚特。后来分为东部蒙古和西部蒙古，东部蒙古也叫中央蒙古。西部蒙古即主要以卫拉特为主。

人留下了不可磨灭的印象，尤其是对以格萨尔为首的众英雄形象描写得最为出色，从而成为藏族文学史上不朽的典型。

通过人物本身的语言、行动和故事情节来实现塑造人物形象，是《格萨尔》史诗的特色之一。因此人物虽然众多，却没有给人雷同和概念化的感觉。

同是写英雄人物，但却各不相同，写格萨尔是高瞻远瞩，领袖气派；写总管王则是机智、仁厚，长者风度；嘉察被写得勇猛刚烈；丹玛则是智勇兼备。人人个性突出，个个形象鲜明。对妇女形象的塑造更是语言优美之至，人物形象栩栩如生。

《江格尔》产生于蒙古族卫拉特部，经过不同时代、不同地域、具有不同文化特点的各部落蒙古族人的传唱，形成了具有157部长诗及异文，约19万行的鸿篇巨制，成为蒙古族数百部英雄史诗中最为光辉灿烂的一部长篇英雄史诗。

《江格尔》主要讲述阿鲁宝木巴地方以江格尔为首的12名英雄，同芒奈汗、布和查干等进行抗争，收复许多部落，建立起一个强盛国家的故事。《江格尔》篇章结构，故事情节具有蒙古说唱艺术的特点，语言丰富优美，风格粗犷豪迈。

作为一部长篇英雄史诗，《江格尔》在人物塑造方面取得了突出成就，如描写圣主江格尔，反复辅叙了他苦难的童年与艰苦的战斗经历，把他描写成一位机智、聪明、威武、能干，深受群众拥戴，为宝木巴事业奋斗不息的顶天立地的英雄人物。

《江格尔》通过其丰富的思想内容和生动的艺术形象，描绘了洋溢着草原生活气息的风景画与生活图景，体现了蒙古族特有的性格特征和审美情趣，在艺术风格方面具有鲜明的民族特色。

《江格尔》的故事曲折动听，语言朴实无华，故事里的人物为捍卫自己美好家园而浴血奋战的精神，使史诗获得了代代相传永不衰竭的生命力。

■ 蒙古族猎人蜡像

■ 草原生活场景

《玛纳斯》是柯尔克孜族的英雄史诗。全诗共8部，长达20多万行，从头至尾唱一遍需要1年多的时间。柯尔克孜人将各个历史时代的英雄事迹和对于和平、幸福生活的憧憬与追求，集中到英雄玛纳斯的形象之中，使之成为民族精神的重要组成部分。

《玛纳斯》的各部在人物塑造、故事情节的安排上有着许多创新，在语言艺术方面，具有浓郁的民族特色。史诗中的丰富联想和生动比喻，均与柯尔克孜族人民独特的生活方式、自然环境相联系。

史诗中常以高山、湖泊、急流、狂风、雄鹰、猛虎来象征或描绘英雄人物，并对作为英雄翅膀的战马，作了出色的描写。

仅战马名称就有白斑马、枣骝马、杏黄马、黑马驹、青灰马、千里驹、银耳马、青斑马、黑花马、黄马、青鬃枣骝马、银兔马、飞马、黑儿马、银鬃青烈马、短耳健马等。史诗中出现的各类英雄人物都配有不同名称和不同特征的战马。

史诗几乎包含了柯尔克孜族所有的民间韵文体裁，既有优美的神话传说和大量的习俗歌，又有不少精练的谚语。

《玛纳斯》是格律诗，诗段有两行、三行、四行

传说 是口头文学的一种形式，与神话、笑话、史诗、说唱、民谣等并为民间文学的样式，并为书面文学提供了素材。传说可以解释为辗转述说，也可说是流传下来的，不能够确定。传说，是最早的口头叙事文学之一。由神话演变而来但又具有一定的历史性的故事。或人民口头上流传下来的关于某人某事的叙述。

的，也有四行以上的。每一诗段行数的多寡，依内容而定。每个诗段都押脚韵，也有部分兼押头韵、腰韵的。每一诗行多由7个或8个音节组成，也有11个音节一行的。各部演唱时有其各种固定的曲调。

《玛纳斯》不仅仅是一部珍贵的文学遗产，而且也是研究柯尔克孜族语言、历史、民俗、宗教等方面的一部百科全书，它不仅具有文学欣赏价值，而且也具有重要的学术研究价值。

例如史诗中出现的古老词汇、族名传说、迁徙路线，古代中亚、新疆各民族的分布及其相互关系，大量有关古代柯尔克孜族游牧生活、家庭成员关系、生产工具、武器制造及有关服饰、饮食、居住、婚丧、祭典，等等，都是非常珍贵的资料。

阅读链接

《玛纳斯》第一部从柯尔克孜族的族名传说和玛纳斯家族的先世说起，一直说到玛纳斯领导人民反抗卡勒玛克和契丹人黑暗统治的战斗一生。

玛纳斯诞生前，统治柯尔克孜族人民的卡勒玛克王由占卜者处获悉：柯尔克孜族人民中将要降生一个力大无比、长大后要推翻卡勒玛克人统治的英雄玛纳斯。

卡勒玛克汗王于是派人四处查找，并把所有怀孕的柯尔克孜族妇女一一剖腹查看，以便杀死即将诞生的玛纳斯。但在机智的柯尔克孜族人民的保护下，玛纳斯终于在阿尔泰的布鲁勒套卡依地方平安地降生。

目睹人民的苦难生活，使玛纳斯从小就对外来的掠夺者充满了仇恨，他立志要为本民族报仇雪耻。玛纳斯还在幼年时，已成长为一个力大无比的英雄。他同情贫穷的人民，把自己家的财产分赠他们；他参加劳动，在炎热的吐鲁番耕种庄稼。

他长大后敬重长者，信任贤能，团结了四面八方的勇士，统一了被分散的柯尔克孜各部落，联合邻近被压迫的民族，南征北战，使各族人民过上了欢乐富裕的生活。

高亢悠扬的蒙古族民歌

蒙古族是生活在我国北方草原上的少数游牧民族之一，蒙古族自称"蒙古"。其意为"永恒之火"。别称"马背民族"。

蒙古族是个喜爱唱歌的民族，不论男女老少都爱唱歌，他们尊崇唱歌和善于唱歌的人。蒙古民歌是蒙古族人民在生产、生活中创作的歌颂家乡、歌颂美好生活的歌曲。以其丰富的内容，独特的草原风格，在我国民间艺术宝库中大放异彩。

蒙古族民歌主要分为两大类：礼仪歌和牧歌。礼仪歌用于婚宴、获奖等喜庆场合，以歌唱纯真的爱情、歌唱英雄、歌唱夺标的赛马骑手

■ 蒙古族乐器口弦琴

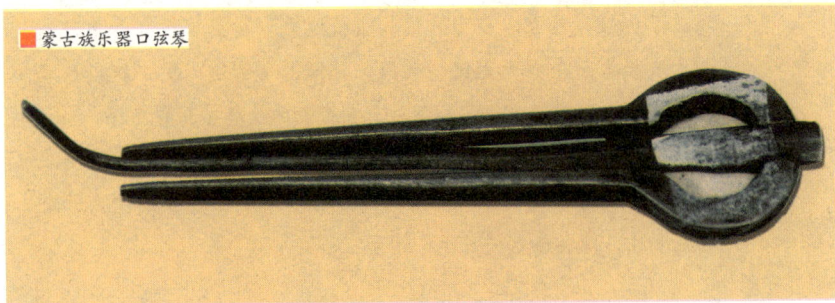

蒙古族乐器青铜编钟

为主要内容。牧歌多在放牧和搬迁时唱，内容以赞美家乡，状物抒情者为多。

蒙古族民歌节奏自由，装饰音多而细腻，并具有较强的朗诵性。其嘹亮、悠长、亲切的曲调，沁人心脾。牧歌的歌词既善于抒情，又注重写景，情景交融，表现人和大自然的和谐关系。

牧歌的节奏一般是悠长、舒缓、自由，多采用"密—疏—更密—疏"的节奏。一般情况下，牧歌的上行乐句节奏是悠长舒缓的；下行乐句则往往采用活跃跳荡的三连音节奏，形成绚丽的华彩乐句。

蒙古族民歌还以声音宏大雄厉，曲调高亢悠扬而闻名。从音乐特点方面，蒙古民歌大致分为"长调"和"短调"两大类。

长调民歌蒙古语称为"乌日图道"，是反映蒙古族游牧生活的牧歌式体裁，有较长大的篇幅，节奏自由，气息宽广，情感深沉，并有独特而细腻的颤音装饰。歌词一般分为上、下各2句，内容绝大多数是描写草原、骏马、骆驼、牛羊、蓝天、白云、江河、湖泊等。

长调除指曲调悠长外，还有历史久远之意。据考证，1000多年前，蒙古族的祖先走出额尔古纳河两岸山林地带向蒙古高原迁徙，生产方式也随之从狩猎业转变为畜牧业，长调这一新的民歌形式便产生、发展了起来。

■ 蒙古族乐器托布修尔

在相当长的历史时期内，它逐渐取代结构方整的狩猎歌曲，占据了蒙古民歌的主导地位，最终形成了蒙古族音乐的典型风格，并对蒙古族音乐的其他形式均产生了深刻的影响。

长调民歌集中体现了蒙古游牧文化的特色与特征，并与蒙古族的语言、文学、历史、宗教、心理、世界观、生态观、人生观、风俗习惯等紧密联系在一起，贯穿于蒙古族的全部历史和社会生活中。长调的基本题材包括牧歌、思乡曲、赞歌、婚礼歌和宴歌等。

长调用蒙语演唱，字少腔长是它的一大特点，且因地区不同而风格各异。锡林郭勒草原的长调民歌，声音嘹亮悠长，代表曲目有《小黄马》《走马》等。呼伦贝尔草原的长调民歌则热情奔放，代表曲目有《辽阔草原》《盗马姑娘》等。阿拉善地区的民歌节奏缓慢，代表曲目有《富饶辽阔的阿拉善》《辞行》等。科尔沁草原的民歌以抒情为主，代表曲目有《思乡曲》《威风矫健的马》等。

长调民歌在一些长音的演唱上，可以根据演唱者的情绪自由延长，在旋律风格及唱腔上具有辽阔、豪爽、粗犷的草原民歌特色。长调民歌的衬词均使用"嗒咿""咿哟"等。高音的衬词一般为开口

萨满教 盛行在我国北方各民族的原始宗教，是在原始信仰基础上逐渐丰富与发达起来的一种民间信仰活动。该教具有较复杂的灵魂观念，在万物有灵信念支配下，以崇奉民族或部落的祖灵为主，兼有自然崇拜和图腾崇拜的内容。

音或半开口音；中音的衬词较灵活，结尾处的衬词一般是半开口音或闭口音。

《辽阔的草原》是长调民歌的典范之作，其音乐语言、曲式结构都是简洁精练的，全曲只上下两个对偶乐句旋律，但却热情奔放，达到了形象和意境、人和自然的完美统一，同样给人以辽阔、豪放的阳刚之美。

古老的宴歌《六十个美》，仅在一首淳朴的歌曲中就唱出60个美的事物。歌中列举了草原土地、生命青春、牛羊骏马、候鸟鸿雁、阳光云霭、明月繁星、山的景色、海的风光、怒放的鲜花、清澈的流水、弹拨的琴弦、嘹亮的歌声、父母的恩情、弟兄的情义、长者的训导、天下的太平……这种情景交融、天人合一的独特意境和神韵，在抒情的歌唱中得到了淋漓尽致的体现。

短调在蒙古语中称"宝格尼道"，与长调"乌日图道"相对而言，泛指那些曲调短小、具有明确节奏节拍的歌曲。

短调是最早发展起来的一种民歌体裁，也叫爬山调、山曲儿，多

■ 蒙古族歌舞塑像

■ 蒙古族歌手雕塑

神歌 是我国民歌体裁山歌类的一种。亦称"晨歌"。其主要流传于四川南部以重庆、宜宾为中心的低山丘陵地区。歌词大多以爱情主题为多，格调轻松、诙谐，常以凝练的手法，勾画出某种生活画面，其结构有4句、6句或多句体三种。节奏节拍组织自由，变化繁复。

用汉语演唱。蒙古族在山林狩猎时期，就创造了富有山林狩猎特色的音调简洁、节奏鲜明，便于载歌载舞，带有浓厚原始色彩的短调歌曲。

原始狩猎歌曲《追猎斗智歌》、萨满教歌舞《白海青舞》、请神歌《吉雅奇》以及各种集体踏歌。这些歌曲比较古朴、原始，是短调歌曲的最早形式。

短调题材丰富，几乎涉及蒙古族社会生活的各个领域，主要歌种有情歌、赞歌、酒歌、婚礼歌、叙事歌等。不同的种类，往往有不同的演唱方法和风格，如赞歌多古朴苍劲，情歌多优美抒情，酒歌多热情奔放等。

古老的叙事歌是短调民歌中的重要歌种。这类歌曲古朴苍劲，深沉内在，往往更多地保留着13至14世纪时的语言特点和音乐风格，在蒙古族音乐史上占有重要地位。

短调民歌曲调优美，结构庞大。从其结构方面来看，短调民歌分上、下2个乐句，或4个乐句的单一部曲式，歌舞性的结构比较庞大，常见6句或8句结构。

短调民歌的音调，简洁凝练，直率大方，主要有如下两个特点：一是以片段音调为基础，采用重复、模进、变形等手法，进行积累式的发展，构成一支完整的曲调；二是往往以骨干音为中心，作四五度音程或八度音程之内的环绕进行，中间穿插一些大跳音程。

短调民歌主要流行于蒙汉杂居的半农半牧地区。往往是即兴歌唱，灵活性很强。不仅内蒙古草原地区的蒙古族人喜欢唱，汉族和其他民族的人也喜欢唱。

短调民歌的代表曲目有很多，其中爱情短调歌曲细腻生动，朴实动人，感情真挚，将多姿多彩的感情

踏歌 我国汉族流传下来的舞蹈动作。一些舞蹈姿态和造型，保存在我国极为丰富的石窟壁画、雕塑、画像石、画像砖、陶俑，以及各种出土文物上的绘画、纹饰舞蹈形象的造型中。踏歌的基本体态是敛肩、含颔、掩臂、摆背、松膝、拧腰、倾胯。

■农业丰收图

生活表现得淋漓尽致。

代表曲目有《森吉德玛》《乌云珊丹》《乌林花》《达那巴拉》《龙梅》《赛林花》《东克尔大喇嘛》《喇嘛哥哥》等。

在短调歌曲中，有相当一部分是赞美家乡的山川河流，歌颂美好生活的，如《察哈尔八旗》《鄂尔多斯蒙古》《在阴山的怀抱》《海拉尔河》；有表现聚会欢宴的歌曲，如《花乳牛的奶汁》《银杯》《雪山》等；还有抒发自己对心爱的骏马的感情的，如《老豪弘》《小枣骝马》《云青马》《巴彦杭盖》等。此类歌曲曲调优美，风格浪漫，旋律上口，容易传唱。

此外，比较著名的短调民歌还有《白色的远山》《黄骠马》《锡巴喇嘛》《成吉思汗的两匹青马》《美酒醇如香蜜》《拉骆驼的哥哥十二属相》《嘎达梅林》等。

草原文化特色与形态

阅读链接

狩猎歌曲是猎人们在深山密林中，进行狩猎劳动时歌唱的一种民歌体裁。

13世纪前，生活在北方草原的蒙古族先民，曾以狩猎业为主要生产劳动方式。狩猎歌曲的产生，同原始社会蒙古族人的这种狩猎生产劳动有着密切的联系。

他们为了捕获更多的猎物，要发出一种齐心合力的呼唤和呐喊声，用以鼓舞士气，统一狩猎行动。这种呼唤和呐喊声，也就是蒙古族最原始的艺术——狩猎歌曲。

不少的歌唱是和舞蹈相结合的。猎人载歌载舞形象地模拟被他们捕获的各种飞禽走兽的动作神态。

如一直流传于内蒙古科尔沁一带的狩猎歌舞《狩猎斗智歌》就属于这样的原始狩猎歌舞。它通常由两个人分别装扮成猎人和动物，在表演中有歌有舞，非常生动风趣。

拥有千年历史的呼麦艺术

　　"呼麦"是图瓦文的中文音译，又名浩林·潮尔，原义指喉咙，即为喉音，一种由喉咙紧缩而唱出双声的泛音咏唱技法，又称蒙古喉音。作为一种歌咏方法，"呼麦"主要流传于我国内蒙古、新疆阿尔泰等地区。

呼麦表演塑像

　　"呼麦"有千年的历史，是蒙古族山林狩猎文化时期的产物，在全世界独一无二。相传蒙古族先民在深山中活动，见河汉分流，瀑布飞泻，山鸣谷应，动人心魄，声闻数十里，便加以模仿，就产生了原始的"呼麦"。

　　后来，蒙古族人又经过长期探索，终于创造出"呼麦"这一奇特

呼麦艺人

草原文化特色与形态

的声乐形式。"呼麦"演唱艺术的内涵是颇为独特的，体现了人和大自然的和谐、交融，相互作用、渗透，并使人们的心灵得到纯化、升华，进入一种新的境界。

"呼麦"的产生和发展可以看成蒙古族音乐发展进步的产物，是其在声学规律的认识和掌握方面所作的一个重大突破。

早在13世纪蒙古草原盛行英雄史诗说唱艺术时，"呼麦"就已经已十分盛行了，据考证，我国诸多古籍中记载的北方草原民族的一种歌唱艺术——"啸"，就是"呼麦"的原始形态。

西藏密宗格鲁派的噶陀、噶美两寺，有使用低沉的喉音来唱诵经咒的传承。新疆阿尔泰山区的蒙古族人中尚有"呼麦"流传。

"呼麦"唱法是在特殊的地域条件和生产、生活方式下产生的，其发声方法、声音特色比较罕见，不同于举世闻名的蒙古族长调的唱法，声乐专家形容这种唱法是"高如登苍穹之巅，低如下瀚海之底，宽如于大地之边"。

"呼麦"是运用特殊的声音技巧，一人同时唱出2个声部，形成罕见的多声部形态。"呼麦"发声原理特殊，有时声带振动，有时不振动，是用腔体内

说唱艺术 用来讲唱历史、传说叙事及文学作品的一种艺术体裁，可单口说唱，可多口说唱；可乐器伴奏，可无伴奏。由于我国各民族以及民族内部各地区语言不一致，形成的说唱音乐也就有多种多样的曲调，具有浓郁的地方色彩。

的气量产生共鸣。假声带也随之震动。

高音部的高音与口型有直接的关系，口型扁音就高，口型圆音就低。低音声部与高音声部之间的距离有时可以达到6个八度音程，高音声部的旋律有时类似口哨声，或金属声。

呼麦演唱时的方法是首先把声带放松，利用口腔内的空气振动声带产生共鸣，发出基础低音，然后巧妙地调节舌尖的空隙，用一股气息冲击发出高泛音。

于是形成在持续低音的基础上，不断地产生高音区的曲调。用这种方法演唱，可以清晰地听到一个人同时发出2种声音，即高音区的曲调和低音区的持续音。

技术高超的"呼麦"演唱大师可以用二声部来演唱徐缓的长调、急速的快板或世界名曲。一般来说，"呼麦"的低声部是一个持续的低音，但有时也可变化音高，而高声部是一条波浪起伏的旋律线，它有时有词，但常常是无词的。这种唱法能唱出透明清亮、

啸 我国古代的一种歌吟方式。啸不承担切实的内容，不遵守既定的格式，只随心所欲地吐露出一派风致，一腔心曲。历史上的魏晋时期多有名士之啸，亦有妇女之啸。

快板 我国民间曲艺的一种，早年叫"数来宝"，也叫"顺口溜""流口辙""练子嘴"，是从宋代民间演唱的"莲花落"演变发展成的。词合辙押韵，说时用竹板打拍，节奏较快。

■ 蒙古族"呼麦"表演雕塑

带有金属声的高音声部，获得无比美妙的声音效果。

蒙古族音乐家将"呼麦"分为抒情性的和硬性的两类，其中抒情性的称为"乌音格音呼麦"，又可将其分为"鼻腔呼麦""硬腭呼麦""嗓音呼麦""咽喉呼麦""胸腔呼麦"五种。

"呼麦"的曲目，因受特殊演唱技巧的限制，不是十分丰富。大体说来有以下3种类型：

一是咏唱美丽的自然风光，如《阿尔泰山颂》《额布河流水》。

二是表现和模拟野生动物的可爱形象，如《布谷鸟》《黑走熊》等，这类曲目保留着山林狩猎文化时期的音乐遗存。

三是赞美骏马和草原，如《四岁的海骝马》。

从其音乐风格来说，"呼麦"以短调音乐为主，但也能演唱些简短的长调歌曲，此类曲目并不多。

"呼麦"不仅是一种独唱的艺术，而且也可用来伴奏，其在独唱中的伴奏效果十分良好，越来越多的歌唱家将"呼麦"融进自己的演唱中，并获得了良好的效果。

阅读链接

"潮尔道"是蒙古族独具特色的多声部演唱方式，由两人或多人进行演唱，其高声部是著名的长调歌，而低声部则是被称为"潮尔"的中低音伴唱形式，即是低音或中音"呼麦"。这种演唱形式，传承流行于内蒙古锡林郭勒的北部一带。

"潮尔"是和声之意，"道"为歌唱，"潮尔道"的意思就是"和声演唱"。"潮尔道"的内容，主要是以赞颂为主，歌颂自然宇宙、民族英雄。

根据蒙古族的习俗，"潮尔道"是不能随便演唱的，只有在严肃、庄严、隆重的场合才能演唱，也不能与酒歌、爱情歌曲等混杂演唱。

源远流长的民俗祝赞词

祝赞词，也称赞颂词，是我国蒙古族传统民间文学的一种重要形式，是一种有一定韵调、语言自然流畅、兴致所至一气呵成的自由诗。它分为祝词、赞词，统称为"祝赞词"。

古代蒙古族人崇信多神教，他们把不能理解的自然现象和社会现象，都看作由上天和一些精灵所制造并支配的。

成吉思汗画像

为了增加财富或减轻劳动强度，或者为了消灾除难，他们向臆想中的天神地祇呼吁，于是产生了祝词、赞词这种民间文艺形式。

古老的祝赞词大多是

对天地山川、自然万物的赞颂，以及对渔猎畜牧生产的祈求祝福。后来，随着蒙古族古代社会由自然崇拜进入部落征战的英雄时代，在吸收古神话等艺术的基础上，祝赞词由原来祭祀祈祷委婉虔诚的反复咏叹，变为铺垫、夸张的长篇颂赞。《心神祝词》《绵羊祭酒词》等，便是这一时期的作品。

13世纪初至14世纪中叶，正是蒙古大草原从大动荡、激烈兼并到蒙古族统一体建立，以及蒙古贵族入主中原建立元王朝的蓬勃发展时期，祝赞词形式也进入向日常礼仪生活、政治生活转变的时期。

《蒙古秘史》中记载有不少成吉思汗以祝赞词语言形式宣布旨令、传达训示、表彰赞颂等的记载。由于统一体和国家的建立，畜牧业得到了空前的发展。因而，反映这一时期游牧生产的牧业五畜祝赞词更贴近了现实生活。

从这个时期开始，具有古老传统的那达慕祝赞词以及婚礼祝赞词也日臻完美、成熟，构成两个庞大的祝赞词体系。

蒙古族人献酒塑像

随着蒙古社会历史的发展，祝赞词所涉及的生活面越来越广，它的社会作用也越来越重要了。祝赞词已逐渐发展为反映新生活的群众喜闻乐见的一种形式，同时对同时代的文学也产生了影响。

祝赞词多在庄重肃穆的场合或节日喜庆的仪式上吟唱，所以色彩绚丽、情真词切、感情奔放、语意激扬。它在表现形式和语言风格上不同于一般

■蒙古族人喝酒场面

民歌。民歌多是四行一节，重叠复沓，而祝赞词则是一气呵成，长短不拘。民歌和诗歌要求押韵，句式整齐。祝赞词则不一定讲究严格的韵律，主要是追求口语的自然旋律，朗朗上口、舒缓流畅。

祝词、赞词之间既有密切联系，又有一些细微差别。祝词是献给神和祖辈的口头颂歌，包括人们对天神、地祇、山神、河伯、火神、狩猎神以及牲畜保护神等的祭祀，或对英雄好汉及优胜者的赞歌，或是长者及老年人对青年一代的祝福。

祝词的起源与民间各类风俗习惯以及生产、生活现象密不可分。蒙古族在节日宴庆场合，总少不了长者或专门的吟唱者，被称为"珲锦"或"和勒莫日其"吟诵祝词，以增加节日气氛。

祝词可根据内容分为与牧民生产相关的祝词，如"制毡祝词""蒙古包祝词"等；与牧民生活习惯相关的祝词，如"祭火祝词"；与人生礼仪相关的祝词，如"婴儿诞生祝词""新人祝词"等；与竞技娱乐相关的祝词，如"游艺祝词""三项竞技祝词"等。

祝词大致由开头、主体、结尾3个部分组成。吟诵者吟唱时，往往在开头交代吟唱祝词的原因，即吟诵者要说明自己是遵照大家的意愿表达祝词的，然后对所要祝福的事物进行真实的描述与赞颂，最后在结尾部分表达对未来的祝福意愿。结尾部分往往是诗的形式。

赞词主要是赞美景物的，它充满了人们对一切美好事物，对自己的劳动成果的喜悦和赞赏的感情。如对自己家乡的山川土地，对新建的房屋，对优良的骏马，甚至对相互赠送的礼品，都要进行赞颂。

早期的赞词并不仅仅是劳动人民抒发情感、表达审美情趣的文学形式，而且是通过华丽的语句来取悦神灵以期望得到神的保佑与恩赐的方式。随着社会的发展，赞词所赞美的对象更加宽泛，涉及蒙古族社会生活的方方面面。

祝赞词并不神秘，也不遥不可及，它是蒙古族人民对生活、对人生热爱之情的体现，充满了积极向上的精神和美好善良的愿望，能够给人以鼓励和希望，促使人积极生活，不断奋进。

阅读链接

狩猎是蒙古族早期主要生产方式之一，所以，较早的祝赞词是有关狩猎生活的，较有名的祝赞词有《召唤猎物仓》《猎人召福仓》《祭祀玛纳罕腾格里仪礼》《甘吉嘎仓》《昂根仓》等。

其中，《甘吉嘎仓》是古代流传下来的书面作品。"甘吉嘎"是蒙古语，意思是马鞍的捎绳，一般马背两边各有4条或8条不等，为系猎物或其他物品所用。

甘吉嘎上系的猎物多少是狩猎是否有收获的一种标志。"仓"在这里意思是"颂"。在这篇作品里，非常生动形象地描述了甘吉嘎上系满猎物的情景，表达了出猎前希望狩猎成功的热切愿望。如"把那叉角公羊满满地系在正侧，把那竖耳狐狸满满地系在反侧，把那白嘴母盘羊满满地系在正侧，把那弯角公盘羊满满地系在反侧"。

舒展豪迈的蒙古族舞蹈

　　蒙古族的舞蹈文化与他们的狩猎、游牧生活有着密切的联系。蒙古族祖先的原始舞蹈形态，在新石器时代、青铜时代凿刻的阴山崖画、乌兰察布崖画中，有着生动真实的表现。

蒙古族舞蹈岩画

在古代，蒙古族还有很多模仿凶猛动物的舞蹈，如白海青舞、熊舞、狮子舞、鹿舞等。这些舞蹈作为独立的形式，大都失传，但在萨满舞中仍有反映。

在蒙古族某些地区还流行着"安代"这一古老的舞蹈形式，其踏地为节的舞蹈特点仍保持着蒙古族古代广泛流行的踏舞特征。

《蒙古秘史》记载了在庆典时跳踏舞的热烈场面：

绕蓬松茂树而舞蹈，直踏出……没膝之尘矣。

■ 蒙古族人舞蹈塑像

萨满舞 萨满教巫师在祭祀、驱邪、祛病等活动中的舞蹈。萨满舞表现出原始宗教信奉万物有灵和图腾崇拜的内涵，舞蹈时，巫师服装饰以兽骨、兽牙，所执抓鼓既是法器又是伴奏乐器，动作以模拟野兽或雄鹰为主。

蒙古族由于长期生活在草原的地理环境和气候条件下，自古以来崇拜天地山川和雄鹰图腾，因而形成了蒙古族舞蹈浑厚、含蓄、舒展、豪迈的特点。

蒙古族舞蹈最鲜明的特点，就是节奏明快，舞步轻捷，在一挥手、一扬鞭、一跳跃之间洋溢着蒙古族人的纯朴、热情、勇敢、粗犷和剽悍，表现了他们开朗豁达的性格和豪放英武的气质，具有强烈的民族特色。蒙古族舞蹈主要有以下几种：

一是盅碗舞。盅碗舞一般为女性独舞，具有古典舞蹈的风格。舞者头顶瓷碗，手持双盅，在音乐伴奏下，按盅碰击的节奏，两臂不断地舒展屈收，身体或前进或后退，意在表现蒙古族妇女端庄娴静、柔中有刚的性格气质。

舞蹈利用富有蒙古舞风格特点的"软手""抖肩""碎步"等舞蹈技法，表现盅碗舞典雅、含蓄的风格。

鄂尔多斯蒙古族人在婚宴和喜庆佳节的聚会上1人或2人头顶茶杯或碗状小油灯或碗，碗里盛满清水或奶酒；双手各拿2个酒盅或1束竹筷在歌声和乐声中翩翩起舞。

动作没有固定的套数，舞者现场即兴发挥，情绪越激昂，动作、舞姿的变化越丰富多彩。

二是筷子舞。筷子舞以肩的动作见长，一般由男性表演。舞者右手握筷，不时击打手、腿、肩、脚等部位，有时还击打地面或台面。随着腕部的翻转变化，有时肩部活泼地耸动，有时腿部灵活地跳跃，有时转身左前倾，有时转身右前倾。

其肩部动作既有律动感，又具有一种特殊的韵味，融欢快、优美与矫健为一体。动作虽简单，但技巧性却很足。筷子舞凝结着蒙古族

■蒙古族舞蹈服饰

鹿 在古代被视为神物。古人认为，鹿能给人们带来吉祥幸福和长寿。作为美的象征，鹿与艺术有着不解之缘，历代壁画、绘画、雕塑、雕刻中都有鹿。现代的街心广场，庭院小区矗立着群鹿、独鹿、母子鹿、夫妻鹿的雕塑。一些商标、馆驿、店铺扁额也用鹿，是人们向往美好，企盼财运兴旺的心理反映。

人民热爱生活的情意和美化生活的智慧，是蒙古族人民精神生活的组成部分。在兴安盟民间流传的筷子舞，既有男性独舞，也有男女群舞。

三是安代舞。安代舞于明末清初发祥于科尔沁草原南端的库伦旗。最初是一种用来医病的萨满教舞蹈，含有祈求神灵庇护、祛魔消灾的意思，后来才慢慢演变成为表达欢乐情绪的民族民间舞蹈。

在科尔沁地区，在逢年过节时、在庆祝丰收的日子里、在喜丧婚嫁和迎宾的宴会上，人们都要跳安代舞。姑娘、媳妇挥舞头巾跳，小伙子脱去马靴光着脚丫跳，孩子们做着鬼脸跳……

舞蹈动作有甩巾踏步、绕巾踏步、摆巾踏步、拍手叉腰、向前冲跑、翻转跳跃、凌空踢腿、腾空蜷身、左右旋转、甩绸蹲踩、双臂抡绸等，这些优美潇洒的动作，融稳、准、敏、轻、柔、健、美、韵、情

■蒙古族舞蹈

蒙古族舞蹈雕塑

为一体，形成了盛大的狂欢场面，把美和对美的追求推向了极致。

四是查玛。查玛是藏传佛教为了弘扬佛法、传播教义、阻止邪恶诱惑、坚定佛门信念而举办的一种带有庆典性质的艺术活动。

历史上，在科尔沁地区乃至内蒙古全境，绝大多数寺院召庙都曾一年一度由僧人们表演这种舞蹈。现在，部分召寺依然传承表演这种舞蹈。科尔沁地区查玛表现形式有3种：

一种是经堂查玛。表演者2至4人，于经堂诵经时主要通过手势动作对佛进行功德礼赞。

一种是米拉查玛。在召寺前广场搭台表演。人物有米拉、黑白老头、狗、鹿等。狗、鹿均由人扮演，这种舞蹈以说、唱、舞、乐的形式，颂扬米拉撇家弃业，苦意修行，云游四方，传播佛理，终成正果的故事。

还有一种是广场查玛。在大雄宝殿前广场上表演。人物众多，程式固定，动作规范，舞蹈性最强，流传较为普遍。

在查玛表演中，登场者统称护法神。护法神分大查玛、小查玛两类。查玛一般由13个至15个舞蹈段落组成，多以单人、双人、四人的形式表演。

凡属大查玛者，均以单人舞的形式表演一个独立舞段，也有一神化作多神、按东西南北中方位同时起舞的。小查玛多以四人舞的形式出现，也可在主神舞蹈时，以侍者的身份在旁伴舞。

舞蹈中大查玛的动作沉稳剽悍，神态超然，举手投足都很有造型性，体现了强烈的宗教内涵和人物的思想情感；小查玛则动作灵活，节奏明快，不拘形态，较少神威，有很强的韵律性。

蒙古族民间还流行一种舞蹈叫圈舞。脚部动作由两脚交替悠晃步、粗犷奔放的跳踏步、明快潇洒的下身或侧身跑跳步等几种动作组成。上身动作有甩手，与人背后拉手，众人手拉手。舞者围着圆圈跳舞，慢板跳得抒情柔和，快板跳得欢快敏捷。整个舞蹈热情奔放，感染性极强。

草原文化特色与形态

阅读链接

很早以前，我国北方科尔沁大草原上，生活着父女俩。有一天女儿得了一种奇怪的病，本地的医生看了没有办法医治。老父亲只好用牛车拉着病重的女儿到外面去求医。

走在半路上，遇上风雨，车轮陷在泥里，车轴也断了，父亲急得不知如何是好，围着牛车来回转。女儿奄奄一息，生命危在旦夕。老父亲围着牛车高声歌唱祈求神灵的保佑。

歌声引来了附近的乡亲，他们见状也潸然泪下，跟着老人甩臂跺脚，围着牛车哀歌。这样唱着舞着，感动了上苍，雨停了，太阳出来了，姑娘的病也好了。

后来草原上不管是求雨、祭敖包还是那达慕盛会，都用这种载歌载舞的形式，抒发人们的感情。人们围成一个圆圈，散开长袍的下摆，右手拿一块绸巾，边歌边舞，曲调悠扬婉转，人们给这种舞蹈起了个好听的名字叫作"安代"。

独具说唱艺术的蒙古族说书

蒙语中，蒙古族说书被称为"乌力格尔"，又叫蒙古书、蒙古琴书，是集说唱艺术发展大成的一种曲艺形式，主要流传于内蒙古、黑龙江、吉林和辽宁等蒙古族聚集地区。

史料记载，乌力格尔产生于清初。随着清朝封禁政策解除后，大批的山东人、河北人、河南人、山西人进入关东地区，齐鲁文化、燕赵文化、秦晋文化等地方文化随之传入北方地区。

汉族曲艺得到了迅速发展。汉族曲艺中的许多长篇评书书目，以感人的故事情节，细微生动的描述，深深吸引了草原人民，也吸引了众多蒙古族民间说唱艺人的关注。乌力格尔就

蒙古族古代乐器——牛皮鼓

是在此基础上产生的。

乌力格尔最初的形式是说书的艺人身背四弦琴或者马头琴，在大草原上四处漂泊，四处流浪，追逐蒙古包和王爷贵族们的府邸，一人一琴，自拉自唱，精彩的说唱逐渐成为草原上最受人们欢迎的艺术形式之一。

乌力格尔的艺人被称为"胡尔奇"。苍茫辽阔的草原造就了胡尔奇浪漫开阔的艺术气息。

由于表演风格和故事内容的差异，胡尔奇的说唱或优美如诗，或悬念迭起，令听书人全然沉浸于故事之中，忘乎其所在。经验丰富的胡尔奇也可即兴表演，只要给出题目，即可出口成章。

草原黄昏将至之时，牛羊归栏，牧人们齐聚蒙古包内。胡尔奇拉起马头琴或四胡，英雄传说和动人故事娓娓道来。那粗犷、宽厚而深沉的琴声和艺人的说唱相得益彰，令牧人们久久沉浸在其中。

乌力格尔主要有2种形式，一是口头说唱没有乐器伴奏，这种形式被称为"雅巴干乌力格尔"；另一种为有乐器伴奏的说书，其中使用马头琴伴奏的说书被称为"潮仁乌力格尔"；使用四胡伴奏的说书被称为"胡仁乌力格尔"。

四胡 又名四股子、四弦或提琴，蒙古族称之为呼兀尔，源于古代奚琴，是我国北方民族共同使用的一种古老的弓弦乐器，主要流行于内蒙古地区，在山西、陕西、河北、河南及四川等地也见流行。

■ 蒙古族乐器——手鼓

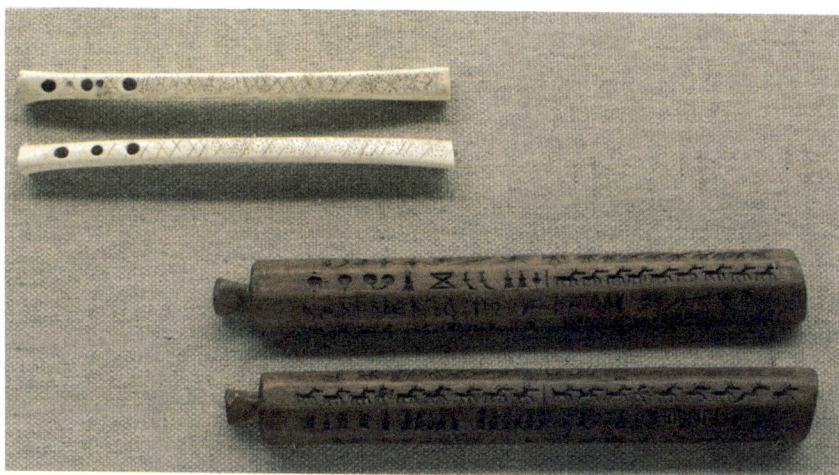

有伴奏乐器的乌力格尔表演通常为一人自拉琴说唱，唱腔的曲调丰富多彩、灵活多变，其中功能特点比较明确的有"争战调""择偶调""讽刺调""山河调""赶路调""上朝调"等。

乌力格尔讲述的内容多是传说故事和史书演义，反映蒙古族历史的书目如《格萨尔》《江格尔》《降服蟒古斯》《青史演义》等，同时还有大量翻译汉文书目，如《三国演义》《封神演义》等古典名著。

乌力格尔运用赞颂、讽刺、比喻、重复、夸张等多种形式表述曲目内容中包含的天文地理、自然科学及生活琐事等方面。

乌力格尔以语言生动、形象见长。艺人们在忠实于原作的主要情节和人物性格的前提下，往往进行很大幅度的加工、改编，在刻画人物形象、性格、心理活动和表现战争等各种生活场景时，常以大量生动的比喻和排比的手法来加以渲染。

韵文的唱调是根据书中的感情气氛的需要而随时

■ 蒙古族乐器——笛子

《格萨尔》 传唱千年的史诗，也叫《格萨尔王传》。主要流传于我国青藏高原的藏族、蒙古族、土族、裕固族、纳西族、普米族等民族中，以口口相传的方式讲述了格萨尔王降临下界后降妖除魔、抑强扶弱、统一各部，最后回归天国的英雄业绩。

胡尔 是蒙古族拉弦乐器。其琴杆用红木或色木制。琴筒为内外双层结构，主音筒呈八方形，前口蒙蟒皮。副音筒用色木或白松制作，内为长方体，外呈椭圆形，前口边缘有装饰板，后口设音窗。两侧浮雕羊头为饰。用马尾弓拉奏。音色清脆响亮。

变换的，曲调极为丰富，说白也有一定的音调和节奏。唱词长短不一，一般以蒙语三五字为一句，四句一节，每句都押韵。

乌力格尔的表演技法可以归纳为说功、唱功、做功三种。说功要求节奏感鲜明，吐字清晰，用蒙语叙说，也融入一些汉语和当地方言、土语说唱。唱功讲究字正腔圆，声音的轻重、高低、缓急、快慢等变化。做功是艺人辅以说唱的表演技法，艺人们通过手、眼、身、步、法等变化模拟曲目中的具体生活情节，刻画其中人物的形态、性格、情绪变化等，烘托气氛。

乌力格尔既可在蒙古包内说唱，也可在广场或舞台上说唱；可单人说唱，也可由多人分故事角色说唱。

旦森尼玛是内蒙古卓索图盟土默特左旗人。幼年当过寺庙里的僧人，通晓宗教音乐和蒙、藏、汉族语言文字。

他将长达200多万字的唐代五传故事编译成蒙语说书。撷取汉族评书艺术精华，以道拉胡阿雅为基调，采用便于自拉自唱的胡尔为伴奏乐器，创立了胡尔奇派说唱艺术。

后来，旦森尼玛的说书陆续移植了《三国演义》

《封神演义》《西游记》《唐宋传奇》《水浒传》等汉族评书节段，经过两三代门人的传播，使乌力格尔在蒙古东部地区进入鼎盛时期。

这个地区有影响的胡尔奇还有额尔巴拉，他是个盲人，自幼学艺，20岁成名。他有个徒弟叫色勒贺扎布，口齿伶俐，记忆非凡，取各家之长，终生以说书为业。主说次唱，比兴夸张，把谚语、格言穿插书中，描述逼真贴切，笑话幽默连篇，意味深长。

色勒贺扎布也收了个徒弟，叫康殿文，康殿文14岁学艺。琴技娴熟，曲牌繁多。多民间器乐曲和寺庙音乐变体。语言丰富，说唱有力。

在吉林省前郭尔罗斯蒙古族地区，乌力格尔是流传较广深受当地蒙古族群众喜爱的娱乐方式。在它的发展过程中，逐渐吸收了蒙古族史诗说唱、祝赞词、好来宝、叙事民歌、祭祀音乐以及汉族曲艺等多种艺术精华，形成了富有当地特色的曲艺形式。

前郭尔罗斯蒙古族地区的乌力格尔有自己独有的调式、结构、语言等。另外，由于当地是一个多民族聚居区，蒙古族群众生产生活、风俗习惯、兴趣爱好发生了很大的变化，所以绝大部分蒙古族群众都能用汉语会话。

艺人们为了增强表现力，在说唱中把一些生动、有趣的汉族方言、俗语也用到乌力格尔之中，不但未形成语言障碍，而且产生了更加贴切、活泼的艺术效果。

蒙古族乐器——手鼓

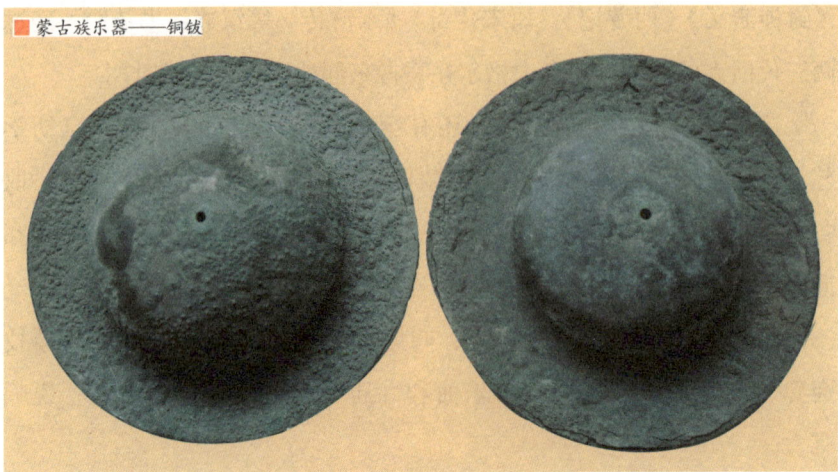

演唱中，有的唱词前一句是本体，后一句是对本体蒙语的汉译。如"查干贺日莫万里长城"，"查干贺日莫"蒙语意为长城，这句话蒙汉语所说的都是万里长城。有的说唱直接用汉语叙述，如"偷梁换柱""昆仑山""不怕青龙万丈高，就怕白虎躬躬腰""狼烟万丈"等。

这种蒙汉并用的说唱形式，在当地艺人们的演唱中最为普遍，被群众认可和接受，体现了既原汁原味，又蒙汉皆宜的独特的前郭尔罗斯乌力格尔艺术。

内蒙古科尔沁草原的"本森乌力格尔"和"胡仁乌力格尔"经过说唱艺人的长期演出，不断提炼加工，逐渐形成了较为固定的说唱底本，"本森乌力格尔"指的是手拿剧本说书；"胡仁乌力格尔"指的是拉四胡说书。

扎鲁特旗嘎亥图镇姚金山等艺人手拿剧本说唱"本森乌力格尔"，是其中较为典型的代表。"胡仁乌力格尔"在科尔沁草原有着相当规模。

这些艺术实践，使说唱艺术得到了锤炼和提高，从文词、音乐到表演方面，都形成了自己独特的规范和模式，为说唱艺术的发展奠定了基础。

内蒙古扎鲁特草原是乌力格尔艺术的摇篮之一。这片神奇的草原诞生了《春秋战国故事》《三国演义》《封神演义》等古典名著"乌力格尔"演说译本。最为著名的《英雄格萨尔可汗》和《蟒古斯征服记》等英雄史诗，成为中华民族的艺术瑰宝。

扎鲁特旗的说书艺术不断发展，说书艺人逐渐形成各具特色的艺术风格。根据说书艺人的演唱特点和师徒关系大体分为三个流派：以琶杰为代表的叙述故事为主的说唱流派，以毛依罕为代表的好来宝说唱流派，以扎纳为代表的叙述传统故事为主的说唱流派。

乌力格尔以它独特的艺术风格和高超的演唱技艺成为草原民族艺术百花园中的一朵奇葩，历经多年的磨砺加工，正日益散发出它独特的不可替代的艺术魅力。

阅读链接

1900年，巴力吉尼玛生于科尔沁草原。他在老艺人罗布桑的传承下学会了乌力格尔演唱。

巴力吉尼玛说唱乌力格尔的特点是：以诗文的韵律贯通演唱，以唱词的节奏规范曲调，胡琴曲和语言珠联璧合，使通篇故事生动形象，加上他富于想象和面部表情，致使故事往往妙趣横生，耐人寻味。

人们都说他演唱的乌力格尔能让死人说活，会使独木成林。巴力吉尼玛的演唱迷住了一位18岁的蒙古族农民白·色日布扎木萨。他聪明伶俐，深得巴力吉尼玛的欣赏。于是他拜巴力吉尼玛为师，跟他学艺。

白·色日布扎木萨，1914生于郭尔罗斯前旗朱日沁屯。15岁在朱日沁屯给人家干活，他虽然不识字，但聪明过人，有一副说唱的好嗓子。在师从巴力吉尼玛不到3个月的时间，就学会了乌力格尔。

形式多样婉转动听的好来宝

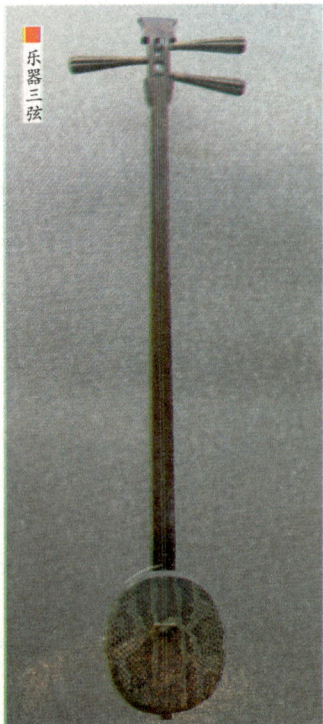

乐器三弦

好来宝，又叫"好力宝"。是蒙古族曲艺的一种，用蒙古语演唱。好来宝在蒙古语中意为"联韵"，即各句唱词的头一个音节谐韵，故又称"联头韵"。也有将好来宝译为"连起来唱"或"串起来唱"的。表演特点与汉族的数来宝和莲花落近似。

好来宝形成于12世纪前后，好来宝的起源，众说纷纭，一般认为派生于"乌勒格日"。最早的好来宝，是乌勒格日中的某一个唱段，诸如英雄颂歌、思乡赞马、山水特写、将军上阵、两军作战、部队行军、上朝奏本、男女情爱等，都可以成为说书中的一段生动插曲。

最早的好来宝曲目《燕丹公主》就是说书艺人说唱七国故事时，夸赞燕国公主燕丹的一段唱词。它把模样俊俏、天资聪慧的妙龄公主描写得有血有肉，栩栩如生，流传至今。

好来宝有固定的曲调，曲调有数十种之多，并都有一定的韵律。唱词同蒙古诗歌一样，要求押头韵，韵律和谐，节奏明快，铿锵悦耳，并能反复咏唱。

民间艺人常常见景生情，作即兴表演，可以说是一种口头即兴诗。艺人咏唱时，或以木棍敲击，或以四胡伴奏，以增强其表现力。

演唱的形式多样，可分为4种。一种是荡海好来宝，参加演唱的人数不定，内容广泛。一种是乌勒格日好来宝，采取一问一答的形式，内容包括历史知识、典故等。一种是代日拉查好来宝，为对歌形式，内容以讽刺、幽默的成分较多。

最后一种是胡仁好来宝，自拉自唱，内容以赞颂为主。演唱时，演员每人拉一把马头琴或四胡，自拉自唱，边唱边表演。唱词为四句一节，押头韵。或四句一押韵，或两句一押韵，也有几十句唱词一韵到底的情形。

也有人从表演形式上直观地将好来宝分为单口好来宝、对口好来宝和群口好来宝。

单口好来宝，也称"当海"或"扎达盖"好来宝。分为以说为主、无乐器伴奏的雅巴干好来宝和用四胡伴奏的胡仁好来宝。其中胡仁好来宝流传较广。胡仁好来宝由一人自拉自唱，所有的曲调较为简练。

单口好来宝既可以说唱社会也可以说唱自然界的某种事物、现象，具有演唱者少、不受演出场地限制、演出形式灵活多样等特点，很合适在交通不便、居住分散的牧区流动演出，从而深受蒙古族观众欢迎。

单口好来宝其题材广泛，表现自由，有赞美家乡、赞美骏马、夸奖姑娘小伙子、称赞服饰以及歌颂家乡的新生事物等内容。

对口好来宝是由两个人或两个以上说唱，分成甲、乙两方，呈擂台对阵式。其演唱时有问有答，较以抒情、叙事为主的单口好来宝更富有趣味性。对阵双方或通过回答测试智力，或以戏弄取笑表达自己的意愿，表演幽默风趣，令听众心旷神怡。

蒙古族单口好来宝

对口好来宝常在农家牧户的住所、婚宴、聚会等处说唱。可分为问答式好来宝和论战式好来宝。以叙述故事为主的问答式好来宝在民间有深厚的基础，是蒙古族群众自娱的重要形式。

演唱时除说唱固定曲目外，还即兴编词，其内容包括开天辟地以来的各种故事、传说、历史事件、天文地理，自然界的趣闻逸事，日常生活中

草原文化特色与形态

■ 蒙古族歌曲演唱

的繁杂琐事。

论战式好来宝演唱时对阵双方展开唇枪舌战，吸引听众。论战式好来宝广泛运用于蒙古族民间婚宴等喜庆场合演唱。

群口好来宝是后发展起来的一种曲艺形式。由五六人坐在一起，采取齐唱、领唱、对唱等形式进行表演。

好来宝音乐变化多端，节奏轻快活泼，唱词朴实优美，语言形象动人。

好来宝的篇幅可长可短，艺人们往往即兴编词演唱，短则数十行，长则数百行，甚至二人可以对唱数日，曲调优美，铿锵悦耳。

好来宝题材多样，除一般的儿女风情、世态变化和知识性的内容外，还有许多民间长篇故事以及改编的古典章回小说。

章回小说 长篇小说的一种，我国古典小说的主要形式，由宋元讲史话本发展而来。其主要特点为分回标目，段落整齐，首尾完整。说话人不能把每段故事有头有尾地在一两次说完，必须连续讲若干次，每讲一次就等于后来的一回。在每次讲话以前，要用题目向听众揭示主要内容。

节目内容既可叙事，又可抒情；既有赞颂，也有讽刺。修辞手法包括比喻、夸张、排比、反复等。多种手法的运用使其表演具有风趣幽默，节奏明快，又酣畅淋漓的特点。

许多具有创新天才的好来宝艺人，不断打破某些陈旧俗套，根据内容创编曲调，更多地采用了夸张、对比、铺垫等手法，以诙谐风趣的语言，合辙押韵的诗句，把演唱者所熟悉的人和事，惟肖惟妙地加以描绘，给人以艺术享受，使好来宝逐渐成为一种独立的曲艺形式。

好来宝的代表性传统曲目有《燕丹公主》《僧格仁亲》《英雄陶克套》《醉鬼》等，汉族的历史故事如《王昭君的故事》《水浒传》和《三国演义》等内容也被好来宝艺人进行编演。

后来，好来宝大胆革新，由一名演员自拉四胡自唱的形式变为数名演员各持一把四胡演唱的形式，并用扬琴、三弦、笛子、鼓等多种乐器伴奏。

几个人你一段我一段边拉边唱，或数人同奏，同唱一曲，使独唱、重唱、轮唱、合唱等交替使用，使吟诗、叙事、咏唱、舞蹈等揉为一体，令观众耳目一新，充分发挥了好来宝的艺术魅力。

阅读链接

毛依罕出生于内蒙古扎鲁特旗塔本艾里屯的一个贫苦牧民家庭。他从小受伯母的艺术熏陶。16岁时，已经能够自己拉着胡琴表演好来宝，跟随伯母到处行艺。

由于蒙古族艺人通常不限于表演一种艺术样式，从而使毛依罕在主要表演好来宝的同时，自然地汲取了蒙古族民歌和蒙古语说书的艺术养料，用以丰富自己的好来宝表演。

毛依罕的好来宝表演，满怀激情、豪迈洒脱，极富感染力。他的代表性曲目有《虚伪的社会》《可恨的官吏富豪》《铁蛀牛》《慈母的爱》和《呼和浩特颂》等。

极富草原风味的马头琴演奏

马头琴是蒙古族民间拉弦乐器,因琴头雕有纤丽的马头而得名,蒙古语称"绰尔"。发音柔和浑厚,音色宏阔低沉,极富草原风味。

关于马头琴的来历,苍茫辽阔的草原传唱着一个美丽传说:草原上有一个爱唱歌的牧人苏和,他有匹心爱的白马,白马皮毛缎子般光亮,嘶鸣银铃样悦耳。

■皮画——马头琴

一次赛马会上,白马勇夺冠军,可恶的王爷却夺走了苏和心爱的白马。白马思念主人苏和,一日寻得机会脱缰而逃,不幸被追来的王爷射中毒箭。

白马寻到主人苏和后,毒发身亡。苏和悲痛欲绝,日夜守护白马。

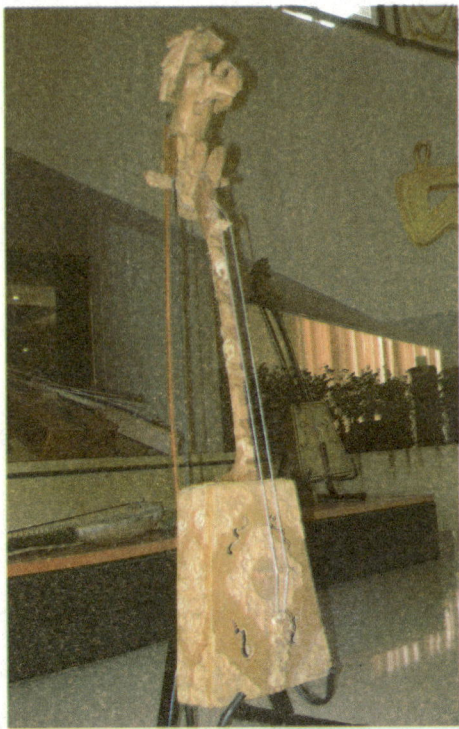
■ 精品马头琴

白马的嘶鸣经常在苏和的耳边回响。苏和用白马的腿骨做琴杆、头骨做琴箱、马皮做面、马尾为琴弦、套马杆做琴弓。

最后又依照白马的模样雕刻了一个马头，做出草原上第一支马头琴。苏和拉起马头琴，从此，草原上空时时飘荡起浑厚低沉的马头琴声。

马头琴历史悠久，是从唐宋时期拉弦乐器奚琴发展演变而来的。成吉思汗时已流传民间。据《马可波罗游记》记载，12世纪蒙古族的前身鞑靼人中流行一种二弦琴，可能是其前身。明清时期马头琴用于宫廷乐队。

清朝史籍《清史稿》记载：

胡琴，刳桐为质，二弦，龙首，方柄。槽椭而下锐，冒以革，槽外设木如簪头似扣弦，龙首下为山口，凿空纳弦，缩以两轴，左右各一，以木系马尾八十一茎扎之。

从这个记载可知，马头琴原来也有龙首。这件事情早在《元史》卷71《礼乐志》有记载：

奚琴 朝鲜族人喜欢使用的一种弓弦乐器，又称胡琴、乡胡。相传是我国宋代东北地区的奚部族创造的，故而得名。奚琴能灵活地演奏各种乐曲，声音抑扬顿挫，连续自如，能惟妙惟肖地表现出喜怒哀乐等各种情感。流行于辽宁、吉林、黑龙江等地区。

胡琴制如火不思，卷颈，龙首二弦，用弓捩之，弓之弦
为马尾。

传统的马头琴，多为马头琴手就地取材、自制自用，故用料和
规格尺寸很不一致。通常分为大、小两种，分别适用于室外和室内
演奏。

大的马头琴，琴体全长100至120厘米，琴箱长26至30厘米、下宽
22至28厘米，适宜室外演奏使用；小的马头琴，琴体全长70厘米左
右，琴箱长20厘米、下宽18厘米左右，适宜室内演奏使用。

马头琴琴箱的面、背两面都蒙皮膜，用马尾弓摩擦马尾弦，发出
的声音甘美、浑厚、悠扬、动听。

内蒙古是马头琴主要流传地区，除内蒙古外，辽宁、吉林、黑龙
江、甘肃、新疆等地的蒙古
族也不同程度地流行。

由于流传地区不同，马
头琴的名称、造型、音色和
演奏方法也各不相同。在内
蒙古西部地区称作"莫林胡
兀尔"，而在内蒙古东部的
呼伦贝尔盟、哲里木盟、昭
乌达盟则叫作"潮尔"，
此外，还有"胡兀尔""胡
琴""马尾胡琴""弓弦胡
琴"等叫法。

马头琴是适合演奏蒙古
族古代长调的最好乐器，它

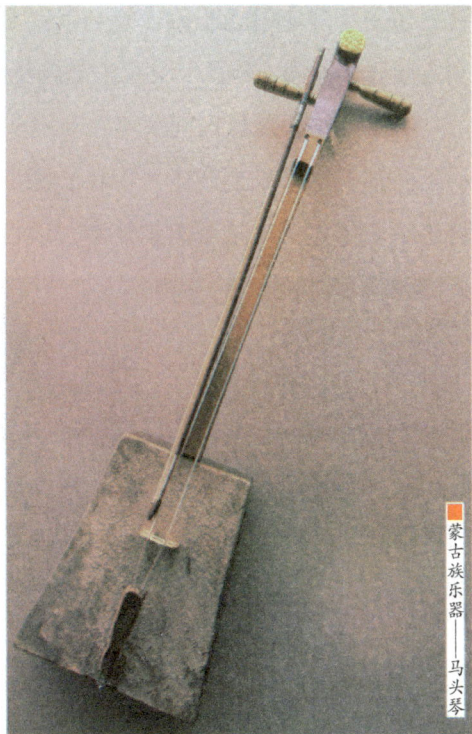

蒙古族乐器——马头琴

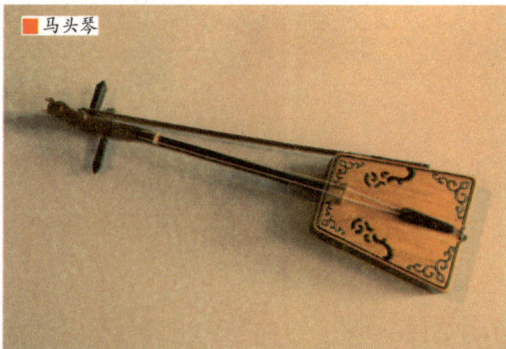
■马头琴

能够准确地表达出蒙古族人的生活，如辽阔的草原、呼啸的狂风、悲伤的心情、奔腾的马蹄声、欢乐的牧歌等。

到18世纪初，马头琴的外观及结构有了很大的变化。随着马头琴琴体的革新，马头琴的演奏技巧也有了新的创造和发展，涌现出不少民间说唱演奏家。

马头琴有很多传统演奏方法，"潮尔演奏法""泛音演奏法""胡尔演奏法"和"实音演奏法"是马头琴四大传统演奏法。

潮尔演奏法是传统演奏法之一，主要分布于黑龙江、吉林、内蒙古科尔沁、辽宁喀喇沁蒙古镇和俄罗斯的图瓦共和国、蒙古国西部等蒙古族居住地域，传承于科尔沁部族及其诸旗。

潮尔是这些地区民间演奏家对马头琴的传统称谓。潮尔演奏法于科尔沁部音乐基础上产生，古朴、深沉幽思、悠远超然，如泣如诉。科尔沁潮尔史诗就是用潮尔伴奏，以自拉自唱的形式讲述的蒙古族英

草原文化特色与形态

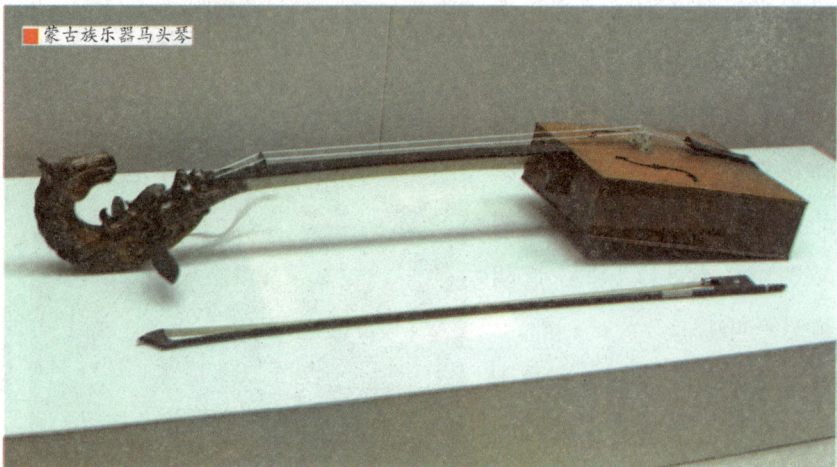
■蒙古族乐器马头琴

雄史诗。

泛音演奏法主要流行于锡林郭勒，后传入巴彦淖尔和当今蒙古国等地域。该地区的人们在古代把马头琴称为乞乞里胡尔。

泛音演奏法也是传统马头琴演奏法之一，它是长期吸纳长调民歌旋律的产物，可以说，泛音演奏法是伴随锡林郭勒草原长调歌曲兴起发展而形成的。这种演奏法影响了长调歌曲的华彩性装饰歌腔，反过来，长调歌曲又影响了这种演奏法的技术技巧的发展。

胡尔演奏法主要在锡林郭勒盟北部诸旗和科尔沁等地区流传。它是一种纯五度定弦的演奏法，非常适合演奏和伴奏古老的短调民歌。这种演奏法，由于定弦与胡琴一样，因而被称作胡尔演奏法，现在使用这种演奏法的人已经很少了。

实音演奏法流行于内蒙古阿拉善以及锡林郭勒等地区，是当代马头琴演奏法的基础。该演奏法使用的乐器，被称为耶克里，可以说是马头琴的古老形态。它是用整木雕刻出来的，琴杆和琴箱连为一体，琴体大小和琴箱样式也不尽相同。

实音演奏法常用纯四度、五度以及大三度等双音，因此也被称为耶克里潮尔，其独奏曲目约有30首。除《美丽的阿

短调民歌 曲调短小、节奏较快，不同于长调民歌的歌曲。短调民歌，蒙古语为"宝古尼·道"。其音乐特点为曲调简洁，装饰音较少，旋律线起伏不大，带有鲜明的宣叙性特征。歌词多为四句一段，在不同音韵步上反复叠唱。简单易学，老少皆宜。

文化底蕴

艺苑民风

■蒙古族乐器马头琴

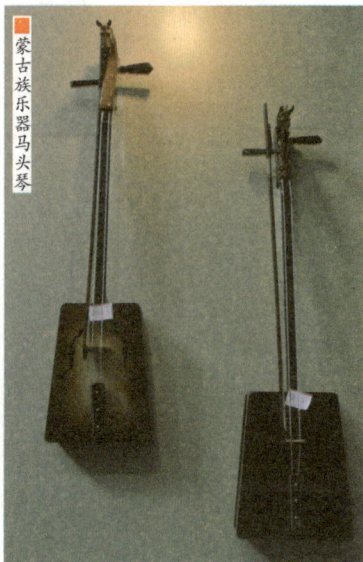

尔泰》等赞美故乡美景的乐曲之外，多数乐曲描绘了骏马、奔驼的步态。

马头琴在其传承过程之中，其造型、演奏法、技术技巧和风格等经过无数演奏家和艺人的不断研究、改进，汲取其他民族音乐的精华，以致各方面都趋于完善。其声纯美甘润，低音深沉，中音明亮，泛音清丽，旋律悠扬，富有感情色泽。

婉转悠扬的马头琴声融汇着牧人的喜怒哀乐，融汇着牧人的希冀，从牧人的心底飘出，弥散在整个草原，久久不息，与草原上的一切相融、相汇，越来越悠远、弥散。

阅读链接

演奏马头琴时，通常采取坐姿，将琴箱夹于两腿中间，琴杆偏向左侧。左手虎口自然张开，拇指微扶琴杆，在低把位上，用食指、中指的指甲根部顶弦，无名指、小指采用指尖顶弦，小指在演奏中非常重要，它常从外弦下面伸进去顶里弦；在高把位上，由于音位距离很小，各指都以指尖按弦。

右手执弓时，以虎口夹住弓柄，食指、中指放在弓杆上，无名指和小指控制弓毛。运弓中，弓毛和琴弦保持直角状态。

拉奏方法也与其他拉弦乐器不同，琴弓弓毛不夹在里、外弦之间，而是在两弦外面擦奏，所以它具有独特音色，柔和、浑厚而深沉，拉奏起来特别洪阔、低沉而豪放，有草原风味。

右手弓法有长弓、半弓、短弓、跳弓、连弓、连跳弓、顿弓、打弓、击弓、碎弓和抖弓等，左手指法有弹音、挑音、颤音、打音、滑音、双音、拨弦、揉弦和泛音等技巧。

盛大的草原四季祭祀大典

在蒙古草原地区，一年四季都有盛大的祭祀盛会，极富地方色彩。四季祭祀盛会是成吉思汗陵的祭祀活动，主要是为了纪念这位伟大的草原伟人，对草原人民做出的巨大的贡献。

红山祭祖蜡像

北魏时期蒙古族人生活画卷

成吉思汗一生征战，结束了蒙古草原数百年的分裂局面，为我国统一的多民族国家的形成做出了杰出贡献。成吉思汗陵位于内蒙古鄂尔多斯伊金霍洛旗。

1277年，成吉思汗病逝，部下按蒙古族传统进行遗体秘葬的同时，遵照他的遗言将衣冠等遗物运到鄂尔多斯高原伊金霍洛旗安葬，并从宫廷守卫者中挑出500户从事守陵和祭祀，这些人被称为达尔扈特人，意思是富有神圣使命的人。

春季大祭，蒙古语为"查干苏鲁克"，意为洁白如玉的畜群。它是四季祭祀大会中规模最大的祭祀活动，在农历每年三月十七至二十四举行，其二十一为主祭日。其祭祀礼仪之盛，持续时间之长，是其他祭祀活动所不能比拟的。

元朝之前春季大祭被称作马奶宴，是成吉思汗离世之后，元世祖忽必烈定了这四季大祭奠。

在鄂尔多斯达尔扈特人中流传着这样一个古老的传说：成吉思汗在他五十寿辰的正月初一，忽然得了重病，两个月后的农历三月二十一痊愈。

因此，他将这化险为夷的农历三月二十一定为祭日，当天就拉起万里链绳，拴起万头牲畜，将九九八十一匹白母马之乳，向苍天泼洒，以祭苍天。通过将溜圆白骏涂抹成圣驹，称作上天所赐的神驹等形式来庆祝。这次祭祀就称为查干苏鲁克节。

元代史料《十福经典白史》记载：

> 成吉思汗系母马九十九匹，洒祭鲜奶。

在拉稀彭斯克撰写的《水晶珠》中，也记载：

> 彼年五十，居于喀鲁连河畔之时，用宝马之初乳向苍天奉献与祈祷，并将此事定为法令，降旨蒙古全国而行之。

这些记载说明了"查干苏鲁克节"是用泼洒白马之乳的形式来进行祭祀的古老习俗。由于这个原因，春季大典也称为"鲜奶祭"。

成吉思汗陵祭台

由8座白色宫帐组成的成吉思汗祭祀堂。具体包括成吉思汗与孛儿帖哈屯白宫，供奉成吉思汗与夫人孛儿帖灵位；忽兰哈屯白宫，供奉忽兰哈屯灵位；准格尔伊金白宫，供奉也遂哈屯与也速干哈屯灵位；宝日温都尔白宫，供奉祭天用的圣奶桶；弓箭白宫，供奉成吉思汗用过的弓箭；吉劳白宫，供奉成吉思汗用过的金马鞍和马具；溜圆白骏白宫，供奉受过成吉思汗禅封的神马；商更斡尔阁白宫，是成吉思汗宫帐的文物珍藏室。

草原文化特色与形态

查干苏鲁克大典中举行的各种祭祀仪式包括：八白宫聚集仪式、嘎日利祭、祭天仪式、金殿大祭、巴图吉勒祭、招福仪式等。这些仪式分几日进行。

在大典期间，分布在鄂尔多斯各旗的八白宫集聚大伊金霍洛，参加大典。这一庆典式的祭祀活动，具有多种礼仪和仪式，各种礼仪和仪式按照程序和规定有序进行。

查干苏鲁克大典上，除了要进行大大小小规模不同的传统祭祀活动外，还进行各类文化娱乐活动或举办各类集合，许多来自各地的商人在此做生意，形成相当规模的集市。

据1864年的记载，集市安排在八白宫所在的吉格以南600步的地方。后来又在大典期间举行蒙古族传统的那达慕大会，使查干苏鲁克大典成为鄂尔多斯草原盛大的集会。

元世祖忽必烈画像

夏季大典，又叫夏季淖尔大祭、淖尔大祭或大节，也可称为盛奶节，"淖尔"是蒙古语，意为"湖泊"。淖尔大典有"盛奶大典"之意。大典于每年的农历五月十五举行。

淖尔大典形成于成吉思汗时期。成吉思汗在客鲁伦河畔祭洒马奶的大典上，奖赏为建立大蒙古国做出贡献的有功之臣。

从此，每年举行这一仪式。元世祖忽必烈时期将这一仪式正式钦定为成吉思汗"四时大典"之一。淖尔大典，在清朝之前为"四时大典"中最隆重的集会。

成吉思汗雕像

淖尔大典中的祭祀程序包括念献哈达、献神灯、献全羊、献圣酒，举行祭香火，念诵祭文、祭词。祭奠中要念诵《圣主伊克芒赖图格勒》。《圣主伊克芒赖图格勒》，除了在淖尔大祭中念诵外，其他任何大小祭祀中都不念诵。

按照祭祀的规定，凡是为蒙古王朝做出过贡献的英雄大将，都要在大祭中讴歌，并使他们的后代享受淖尔大祭的奖赏。淖尔大典祭品，各时期有所不同。

北元时期在《金册》大义务中规定：

在淖尔大典中，鄂尔多斯万户马一匹、酒一百尊，兀良合、察哈尔同样各一匹马、一百尊酒。这三个万户三匹马、三百尊酒；永谢布三匹马、三百尊酒；喀尔喀三匹马、三百尊酒；土默特三匹马、三百尊酒。

这三个万户牛三头、绵羊九只；科尔沁马一匹、酒一百尊；可汗济农三尊酒，太子二尊酒，台吉们酒若干，太师酒若干，万户长酒一尊。

祭拜 在特定的时候朝拜一些人物、神明等的传统，具体的祭祀的目的主要是弭灾、求福、报谢。祭祀是华夏礼典的一部分，更是儒教礼仪中最重要的部分，礼有五经，莫重于祭，是以事神致福。祭祀对象分为3类：天神、地祇、人鬼。天神称祀，地祇称祭，宗庙称享。

■ 蒙古族古代墓葬出土的头盔

后来，淖尔大典的祭祀活动演变成这样的模式进行：祭祀活动开始后，来自草原各地的人群陆续进入陵园，在陵宫内、苏勒德祭坛、甘德尔敖包等成吉思汗遗物前以不同方式，表达着自己虔诚的心灵，祈求平安吉祥。

作为世代从事成吉思汗陵守护、管理和祭祀的达尔扈特人，身着蒙古族传统民族服饰，带着酥油、砖茶、羊背子等供品按照传统祭祀程序举行念诵祭文、献神灯、献圣酒等仪式，以此来祭拜祖先，并祈求苍天、圣主保佑大地，使草原六畜兴旺，鲜奶像"湖泊"一样丰盛，牧人过上幸福安康的日子。

农历五月是草原上畜奶开始像湖泊一般涌流的丰盛季节，因此，夏季淖尔节也是北方游牧民族庆祝丰收的祭祀节日。

每当农历五月十五淖尔大祭来临之时，牧人为了

感谢苍天的恩赐，从四面八方自愿聚到一起，举行隆重的祭祀活动。他们把第一批挤下的洁白乳汁向苍天和圣汗神灵敬献，以此乞求草原更加丰饶、美丽。

秋季大典，蒙古语称为斯日格大典，汉语可译为禁奶节。于每年农历九月十二举行。"斯日格"为马驹嘴上戴的禁奶叉。"斯日格大典"即"禁奶大典"。从这天开始，人们不再挤母马的奶，盘收练绳，将马驹从练绳上解放出来，使马驹自由地吃母马的奶。《十福经典白史》记载道：

　　秋末戌月十二，因将马驹的笼嘴盘收起来而笼头斯日格典礼于那天举行。

在斯日格大典中，首先祭洒99匹白母马鲜奶，摘掉马驹嘴上的禁奶叉和头上的笼头，把它们从练绳解放出来，盘收练绳。然后举行圣主祭祀活动。

斯日格祭祀的祭品，各时期实际用量有所不同。1722年重新修订的《金册》中说：

　　斯日格典礼用一尊白酒，九十五尊奶酒，一只绵羊。

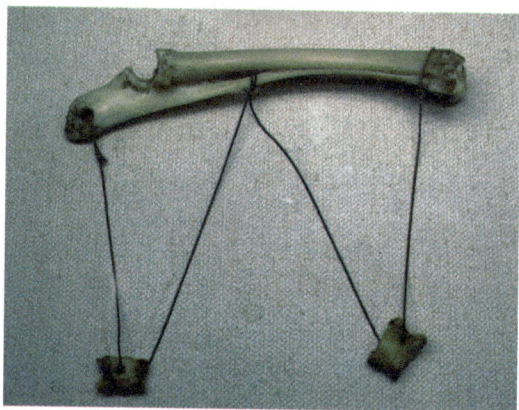

羊背子 也称乌查，是蒙古族人民的传统佳肴。成吉思汗曾设乌查大宴功臣。民间庆寿、婚嫁、喜庆佳节、贵客到来也常设此宴。制作羊背子要选肥绵羊胴体，从腰窝往前数第四肋骨处割断腰脊椎骨，把后面部分的肋骨分别展开，去腿骨留尾成五叉型，把前面部分按骨节分开压在五叉下，然后加白水加盐煮熟而食。

1815年改为敬献酸奶、白酒80尊。北元时期，左翼察哈尔万户举办斯日格大典时，用马4匹，酒155尊，绵羊若干只。

《成吉思汗祭祀书》中详细记载了北元时期可汗参加斯日格祭祀礼仪程序。在书中，对可汗到达、进宫帐、敬献全羊、敬献香、敬献神灯、祭香火、吟诵祝词、敬献圣酒、唱祭歌、吟诵祭文、喝圣酒、分全羊、祭洒圣酒、可汗离开等整个程序，作了详细记载。

该书真实地记录了蒙古王朝时期斯日格大典中的传统礼仪。同时，也说明了蒙古王朝时期，成吉思汗"四时大典"，都由可汗亲自参加祭祀。

冬季大祭又叫达斯玛大典，于每年农历十月初三举行。蒙语"达斯玛"是"皮条"的尊称。达斯玛大典即"皮条大典"之意。文献《十福经典白史》中记载：

冬季中月初三，由于曾向成吉思汗表示祝福，故放置达斯玛之典礼于这天举行。

蒙古族墓葬出土布鲁棒

在《宝贝念珠》中记载：

■ 蒙古族祭天台

十月初三，浴圣主成吉思汗神明身体之脐带的祝福之日。

鄂尔多斯人传说："成吉思汗出生的那年冬天，被放在一个新做的暖襁褓里，外面用山羊皮条包扎起来并加以祝福，达斯玛祭就是为了纪念此事。"

从此以后，小孩出生后，选择吉祥之日，用鲜奶点祭，举行祝福庆典。忽必烈时期，将此庆典列为"四时大典"，每年按规定程序进行。

达斯玛大典的祭品，《金册》中记载：

达斯玛典礼所尽义务为：一尊白酒，一只绵羊，十五尊奶酒，一只羯山羊及附带备用山羊一只。

《宝贝念珠》
蒙古族历史文学作品。写于1841年。作品以编年史的体例，按着佛教理论公式，以叙述天地开辟、印度和西藏王臣起源为开头，接着写蒙古史，直至1841年。其中对喀尔喀史的记述极为详细。以叙述为主，兼用韵文。在叙述历史的过程中加叙了很多传说故事。

文化底蕴

艺苑民风

按规定，达斯玛大典中所需的祭品，除正常的季祭的全羊外，其他所有祭品等，必须由成吉思汗黄金家族的王爷、台吉们准备。

达斯玛大典，长期以来由郡王旗王府主办。达斯玛大典的准备工作，必须提前几天开始。

十月初三，达斯玛大典正式开始，首先将准备好的皮条9根一包，包成2包。然后将前一年放在成吉思汗灵柩中的皮条取出来，再把新包的皮条放进去，取出的旧皮条作为圣物，分割成小块，给朝拜者分发。蒙古族人将皮条带在身上或放在家里，祈祷圣主保佑他们。接着，举行祭祀仪式。

祭礼的程序、吟诵的祝词、祭词、祭文、祭歌等，与其他四季大祭的殿内祭祀相同。冬季达斯玛大典结束，一年的成吉思汗"四时大典"也就全部结束。

草原文化特色与形态

阅读链接

祭成吉思汗陵，简称祭成陵，是蒙古族最隆重、最庄严的祭祀活动。成吉思汗在13世纪初，统一了蒙古各部，建立了蒙古汗国，成为蒙古族崇敬的英雄，被称为"一代天骄"。

蒙古族祭奠成吉思汗的习俗，最早始于窝阔台时代，到忽必烈时代正式颁发圣旨，规定祭奠成吉思汗先祖的各种祭礼，使之日臻完善，代代相传。

成吉思汗祭礼一般分平日祭、月祭和季祭，每种祭祀都有固定的日期和仪式。祭礼仪式隆重，且供祭各种祭品，包括整羊、圣酒和各种奶食品等。

规模最大、最隆重的祭祀是每年农历3月举行的春祭大典，各盟旗都派代表前往伊金霍洛成吉思汗陵奉祭。

传统民俗文化盛会那达慕

那达慕是蒙古族、鄂温克族、达斡尔族人具有鲜明民族特色的传统娱乐活动，也是蒙古族人民喜爱的一种传统体育活动形式。

"那达慕"是蒙古语的译音，可译为"娱乐、游戏"，表示丰收喜悦之情。那达慕是草原上一年一度的传统盛会。

蒙古族牧民摔跤比赛

蒙文 我国蒙古族通用的一种拼音文字，是在回鹘字母基础上形成的。早期的蒙古文字母读音、拼写规则、行款都跟回鹘文相似，被称作回鹘式蒙古文。元世祖忽必烈1269年颁行"蒙古新字"，不久改称"蒙古字"，今通称"八思巴文"。

在蒙古族人民心中，"那达慕"古老而又神圣，有着悠久的历史。最早记载"那达慕"活动的是1225年用畏兀儿蒙文铭刻在石崖上的《成吉思汗石文》。

那达慕起源于蒙古汗国建立初期，1206年，成吉思汗被推举为蒙古大汗时，他为了检阅自己的部队，维护和分配草场，每年七八月间举行"大忽力革台"大聚会，届时将各个部落的首领召集在一起，为表示团结友谊和祈庆丰收，举行比赛活动。

起初只举行射箭、赛马或摔跤其中一项比赛。到元、明时，射箭、赛马、摔跤比赛结合一起，成为固定形式。后来蒙古族人简称这三项运动为那达慕。

元朝时，那达慕已经成为军事体育项目。元朝规定，蒙古族男子必须具备摔跤、骑马、射箭这三项基本技能。

清代，那达慕逐步变成了由官方定期召集的有组织有目的的游艺活动，其规模、形式和内容较以前均

■ 那达慕场景

有发展。当时的蒙古族王公以苏木，即相当一个区、旗、盟为单位，半年、1年或3年举行一次"那达慕"大会，并对比赛胜利者分等级给予奖赏和称号。过去那达

蒙古族赛马名次牌

慕期间要进行大规模祭祀活动，僧人们要焚香点灯，念经诵佛，祈求神灵保佑。后来，这些祭祀活动已经取消。

蒙古族人把骑马、射箭、摔跤称之为"草原三艺"，这三艺是那达慕大会比赛的主要项目。

射箭是那达慕最早的活动内容之一。射箭最早是由"打布鲁"演变而来的。远古时代的蒙古族祖先，在草原上以射猎为生。

布鲁为问号样弯形木棒，下坠以尖状石块或铁块。在骑马追逐野兽时，把布鲁打出去，以击中野兽。这种原始的打猎方法，为后来的弓箭所替代。

在成吉思汗统一蒙古以后，虽然狩猎经济的部落逐渐转向了游牧经济，但狩猎时期长年积累下的拉弓射箭的本领却保留了下来，以防外敌侵略和野兽袭击畜群。没有牲畜的贫苦牧民则仍依赖弓箭捕杀动物维持生活。

射箭比赛分近射、骑射、远射三种，有25步、50步、100步之分。近射时，射手立地，待裁判发令后，放箭射向箭靶，优者为胜。

骑射时，射手骑在马上，在马跑动中发箭，优者为胜。比赛不分男女老少，凡参加者都自备马匹和弓箭，弓箭的样式、弓的拉力以及箭的长度和重量均不限。比赛的规则是3轮9箭，即每人每轮只许射3支

■ 蒙古族摔跤

蒙古马 世界上较为古老的马种之一，主要产于内蒙古草原，是典型的草原马种。蒙古马体格不大，身躯粗壮，四肢坚实有力，体质粗糙结实，头大额宽，胸廓深长，腿短，关节牢固，肌腱发达。背毛浓密，毛色复杂。它耐劳，不畏寒冷，能适应极粗放的饲养管理，生命力极强，能够在艰苦恶劣的条件下生存。

箭，以中靶箭数的多少定前3名。

在蒙古族中，摔跤被称为"搏克"，是蒙古族男子体力和智慧的角逐。摔跤手多为身材魁梧的小伙子，被称为"博克庆"。

上穿镶有铜钉的昭德格，下着肥大的摔跤裤，足蹬传统的布利阿耳靴，头缠红蓝黄三色头巾。穿上这种摔跤服，无论脚力怎么激烈，任凭撕、抓、揪、勾、绊，都不会伤到人或扯坏衣服。

摔跤手穿的坎肩多用香牛皮或鹿皮、驼皮制作，皮坎肩上有镶包，也称泡钉，用铜或银制作，便于对方抓紧。坎肩中央部分饰有精美的图案，图案呈龙形、鸟形、花蔓形、怪兽形，给人以古朴庄重之感。

摔跤手的摔跤裤用十五六尺长的白绸子或各色绸料做成，宽大多褶，裤套前面双膝部位绣有别致的孔雀羽形、火形、吉祥图形，底色鲜艳，图呈五彩。

比赛前，双方高唱挑战歌，以助声势。3遍后，双方跳跃而出，做雄鹰展翅式进入会场。比赛开始，摔跤的双方相互致意和向观众敬礼后，开始较量。

顷刻间，争斗相扑，盘旋相持，腿膝相击。凡胜者，到裁判台双手捧出事先准备好的果子、奶食等，边跑边撒向围观人群，与观众共享胜利果实。

获胜者胸前会挂上一条彩条，被称为"色音布和"，意思是勇敢的摔跤手。荣获全旗冠军的摔跤手，被称为"纳钦"，有极高的声誉。

摔跤技巧很多，可以用捉、拉、扯、推、压等13个基本技巧演变出一百多个动作。可互捉对方肩膀，也可互相搂腰，还可以钻入对方的腋下进攻，可抓摔跤衣、腰带、裤带等。最后以膝盖以上任何部位着地者为负。《宦海沉浮录》记载：

布裤者，专诸角力，胜败以仆地为定。

蒙古马能跑善战，耐力极强。自古以来，蒙古族人对马就有特殊的感情，从小就在马背上长大，都以自己有一匹善跑的快马感到自豪。驯练烈马，精骑善射是蒙古族牧民的绝技，通常把是否善于驯马、赛马、射箭、摔跤作为鉴别一个优秀牧民的标准。

赛马参加者有时全是少年，有时不分年龄，具有广泛的群众性。

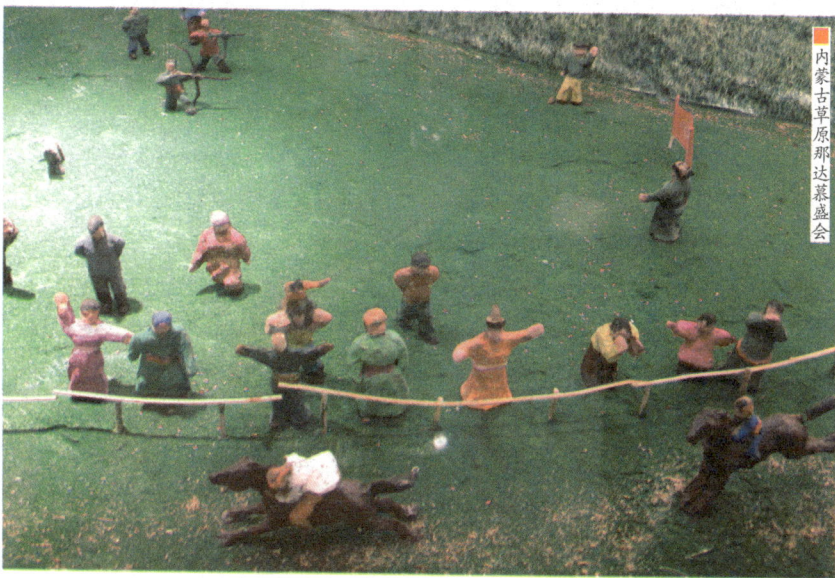

内蒙古草原那达慕盛会

少则几十人，多则上百人，一起上阵。

赛马项目包括：快马赛，主要比马的速度，一般为直线赛跑，赛程一般为20、30、40千米，先达终点为胜；走马赛，主要是比赛马步伐的稳健与轻快；颠马赛，是蒙古族特有的马上竞技表演项目。

为了减少马的负荷量，不论老少，大都不备马鞍，不穿靴袜，只着华丽彩衣，配上长长彩带，显得格外英武。

那达慕于每年农历六月初四，阳历为七八月份开始举办，为期3天。除传统的技艺比赛外，还有热闹的歌舞以及贸易等活动。

节日期间，男女老人骑马乘车，穿着节日的盛装，不顾路途遥远，从四面八方来参加比赛和观赏。会场上，彩旗飘扬，人闹马嘶，平日宁静的草原，顿时变成繁华的彩城。

那达慕是草原文化、经济和信息的盛会。那多姿多彩的民族杂技、服装、蒙古族舞蹈和蒙古族歌剧把蒙古族的风土人情集于一台。既展示了草原人民勤劳勇敢、豪爽热情的性格，又展现出广泛、深刻的文化内涵，反映了蒙古族等民族的价值观和审美观。

阅读链接

铭刻在石崖上的《成吉思汗石文》记载：成吉思汗征服了花剌子模，在返回途中，为庆祝胜利，在布哈苏齐海，今新疆、甘肃边界举行了一次那达慕大会，会上进行了射箭比赛，比赛中，成吉思汗的侄子叶松海洪霍都尔射中了目标。

13世纪中叶成书的蒙古族第一部文学历史巨著《蒙古秘史》中，也有几处提到射箭比赛的场面。

小型比赛中的摔跤冠军，一般奖1只羊或几块砖茶，中型的奖1匹全鞍赛马。有512名摔跤手参加的盟级大型比赛，则奖给冠军鼻带银环、背驮珠宝、绸缎等物的银白色骆驼。授予"像狮子一样勇猛的摔跤手""似大象一样力大无比的摔跤手""如老虎一样勇猛过人的摔跤手"等美誉称号。

富有地方特色的婚礼习俗

传统蒙古族婚礼服装

由于地域和传统文化等的影响，草原民族形成了富有地方特色的婚姻习俗。

蒙古族有抢婚和聘婚两种婚姻制度。抢婚是奴隶社会的一种婚姻形式。13世纪以后，蒙古族进入封建社会，普遍实行聘婚制。

求亲是聘婚的一项内容，是青年男女在定亲之前，男方向女方询问是否同意这门婚事。如果女方家同意，就可以定亲。

择吉日又称择喜日。男女两家定亲后，首先要请高僧占卜，选择吉日，确定结婚日期。吉日择定以

蒙古族婚礼场景

后，由男家派媒人和亲友带上哈达、美酒、糖果等礼品，前往女家，同其父母商谈结婚事宜。

谈妥后，男女两家开始准备婚事。一般是打扫喜房，或新搭蒙古包，宰牛杀羊，准备聘礼、嫁妆及其他结婚用品，通知双方亲朋好友，光临贺喜。

青年男女定亲后由男方家送给女方礼品，这叫聘礼。聘礼的多少根据男方家的经济状况而定。牧区常以牛、马、羊等畜牧为聘礼。

通常，女方也要送出嫁的女儿嫁妆。蒙古族非常讲究陪送嫁妆，男方送多少聘礼，女方就要陪送相应数量的嫁妆。因此，蒙古族有一句俗语："娶得起媳妇，聘不起姑娘。"

过去蒙古族的娶亲非常隆重，并保留着男方到女方家投宿娶亲的传统婚俗。娶亲一般是在结婚喜日的前一天。新郎在欢乐的气氛中，穿上艳丽的蒙古长袍，腰扎彩带，头戴圆顶红缨帽，脚蹬高筒皮靴，佩带弓箭。伴郎、祝颂人也穿上节日盛装。一同骑上马，携带彩车和礼品，前往女家娶亲。

娶亲者至女家，先绕蒙古包1周，并向女家敬献"碰门羊"1只和其他礼物。然后，新郎和伴郎手捧哈达、美酒，向新娘的父母、长亲逐一敬酒，行跪拜礼。礼毕，娶亲者入席就餐。

晚上，又摆设羊五叉宴席。并举行求名问庚的传统仪式。次日清晨，娶亲者起程时，新娘由叔父或姑夫抱上彩车。新郎要骑马绕新娘乘坐的彩车3遭。然后，娶亲者和送亲者一同起程离去。

蒙古族在娶亲途中，娶亲者和送亲者纵马奔驰，互相追逐，都想争先到家，成为优胜者。为此双方在途中要进行刁帽子竞赛。

通常是送亲者想方设法把娶亲者的帽子抢过来，挑在马鞭上，或者扔到地上，迫使新郎下马去捡，以影响其行速。娶亲者彼此掩护，而不让送亲者抢去帽子。一路上，你追我赶，互相嬉戏。

蒙古长袍 蒙古族的传统服装，俗称蒙古袍，春秋穿夹袍，夏季穿单袍，冬季穿皮袍、棉袍。男袍一般都比较肥大，女袍则比较紧身，以显示出女子身材的苗条和健美。一般蒙古袍的特点是宽大袖长、高领、右衽，多数地区下端不开衩。

文化底蕴

艺苑民风

■ 古代蒙古族男子婚服

■ 蒙古族婚礼场景

梳头额吉 给新娘梳头的老妇。即梳头妈妈或分头妈。蒙古语称妈妈为额吉，故称梳头额吉。蒙古族娶媳妇时，男方家要请一位儿女双全、德高望重的老年妇女给新娘梳头。把新娘原来的单辫发式分为两半，梳成媳妇头，标志着由姑娘变为新媳妇。

有些地区，娶亲的日子由男方杀鸡占卜选定。当天，由女方父母与介绍人一起把姑娘送到新郎家。新郎家准备酒、肉招待。

新娘到后与新郎一起握刀杀1只鸡，看鸡肝纹路所示吉凶如何，如不吉利则由新娘新郎各自再杀一只，待杀到鸡肝出现吉象纹路为止。接着，新娘新郎举行喝酒仪式，每人面前放一碗酒，碗边抹上酥油，自己先喝一口，再喝交杯酒。

当娶完亲回到男家后，新郎新娘不下车马，先绕蒙古包3圈。然后新郎、新娘双双穿过2堆旺火，接受火神的洗尘，表示爱情的纯洁，新生活的兴旺。新郎新娘进入蒙古包后，首先拜佛祭灶，然后拜见父母和亲友。礼毕由梳头额吉给新娘梳头。梳洗换装后，等待婚宴的开始。

婚宴通常摆设羊背子或全羊席，各种奶食品、糖果应有尽有。婚宴上，新郎提银壶，新娘捧银碗，向长辈、亲友逐一献哈达、敬喜酒。婚宴往往要延续两三天，亲友才陆续离去。而女方送亲者还要留人陪新娘住1至3日。有时新娘的母亲也送亲，要住10多天。分别时母女拥抱痛哭，表示恋恋不舍。

通常婚礼举行后的第3天，新娘家要来人，看望新娘和拜见新郎家的亲属。来者多为姑姑、嫂嫂等人，她们各带礼品或食品来到新郎家举行认亲仪式。新郎家设宴款待。男女双方彼此相识，相互问安敬酒，充满着热情洋溢的气氛。

阅读链接

草原西部牧区婚礼中，最为热闹而又比较完整保留传统习俗的是鄂尔多斯婚礼。

迎亲那天双方的亲戚朋友身着盛装聚集在双方家中。接亲的队伍由新郎、接亲亲家、伴郎组成，新郎身背弓箭，男方的亲友们在门口以歌声送接亲队伍出发，新郎一行来到女方家要绕蒙古包1圈，才能下马。

伴娘此时用毛毡拦住新郎的队伍，开始对歌，伴娘要考问男方很多问题，男方的接亲亲家要对答如流。经过一番盘问，女方对接亲队伍的回答满意了，新郎才可把礼物献上，伴娘撤去白毡请客人进蒙古包里，蒙古包里隆重的全羊席开始。

新郎在歌声中向新娘父亲献上哈达。新娘此刻在另一座蒙古包里打扮一新与好友们依依惜别。宴席结束，新娘要去夫家了，娘家人唱着"送女歌"送行。

接亲队伍回到新郎家，只见门前燃着2堆火，新娘要拉着新郎从火堆另一端递过来的鞭梢，从火中间走过。进蒙古包后揭去新娘头上的红盖头，新娘一一拜过公婆和亲戚长辈。

新郎手执铜壶，新娘手端放有银碗的酒盘向宾客敬酒。婚礼进入高潮，丰盛的宴席、醇香的美酒、宾客的欢歌起舞，包含了对新人的衷心祝愿。

悠远神秘的风马习俗

  所谓风马，是指蒙古族民间盛兴的立杆悬挂或张贴室内的拓印在白布或纸上的骏马图。在草原地区，风马习俗是人们对命运吉祥如意的寄托，是"运气"和"命运"的象征物。

蒙古族风马经幡

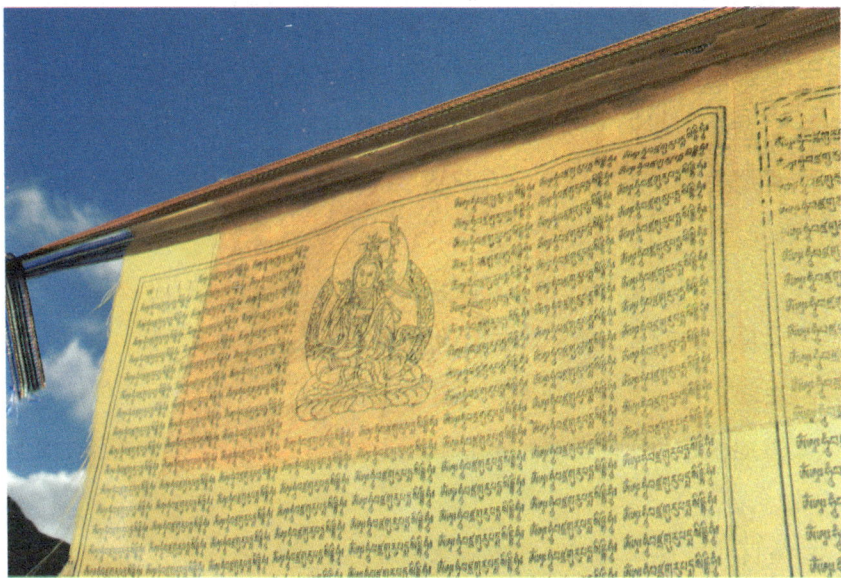

■ 蒙古族风马旗

风马图形有2种，一种是反映蒙古族宗教生活的，另一种是反映蒙古族生产活动的，附印在上面的文字都是藏文。

最常见的是反映宗教生活的风马，鄂尔多斯蒙古族人门前旗杆上悬挂的就是这种风马图。它的图案正中是扬尾奋蹄、引颈长嘶的骏马，驮着如意瑰宝飞奔。

骏马上方是展翅翱翔的鲲鹏和腾云驾雾的青龙，骏马下面是张牙舞爪的老虎和气盛血涌的雄狮。这五种动物以不同的姿态和表情表现了它们勇猛威烈的共性。

人们把这个图案拓印在10余厘米见方的白布或白纸上，张贴于墙壁，悬挂在旗杆上，或拿到高山迎风挥洒，让风把它带到远方。不管取何种形式，其意义实质上都是一样的，那就是人们希望自己的生活像乘

青龙 我国传统文化中四象之一，根据五行学说，它是代表东方的灵兽，代表春季；白虎的方位是西，代表秋季；朱雀的方位是南，代表夏季；玄武的方位是北，代表冬季。另外，在我国二十八星宿中，青龙是东方七星的总称。

风飞腾的骏马一样一往无前、一帆风顺。

有些人认为，风马习俗是蒙古族的伟大创造，是在蒙古地区土生土长的故俗，并且认为藏传佛教传入蒙古地区后，对其作了某些改动，如增加藏文内容等，但它的图形仍然是蒙古隆当原来的图案，没有任何改动。

这种说法是缺乏根据的，因为隆当这个词不是蒙古语，而是风马藏语名称龙达的不同音译。在藏语中龙即风，达即马。

在蒙古民间盛行的风马图及其画面上的藏文，也不是藏传佛教传入蒙古地区之后，对蒙古"故俗风马"进行改变或增减其内容时加上去的。

实际上，风马习俗是按其本来面貌传入草原地区的雪域文化。传入后，被蒙古族人民接受和吸纳，并用自己的文化方式去改变它，发展它。

最终，在蒙古地区既产生了反映蒙古族经济活动的风马图，也出现了同成吉思汗祭礼融合在一起的风马，即人们所说的禄马风旗，并被视为表现民族尊严和祝愿民族兴旺发达的吉祥物。

蒙古族风马旗经幡

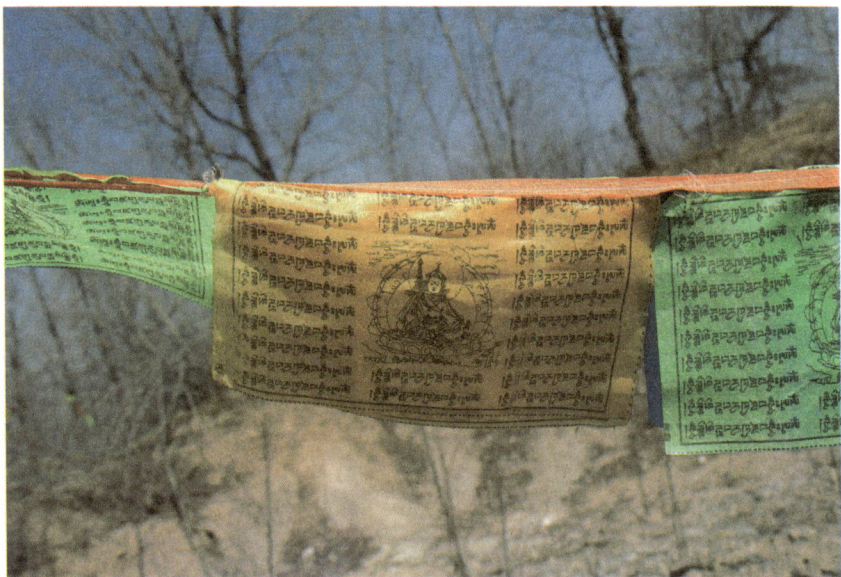

■ 蒙古族风马旗经幡

这是在民族文化相互交流当中，由于两种文化不断磨合、协调、适应，并加入具有蒙古文化特点的成分后，逐渐形成的有着本民族文化特点的风马文化。

蒙古草原上的禄马风旗，以鄂尔多斯地区的禄马风旗最有特色。在鄂尔多斯的召庙前或普通牧民的住房前，都竖有蒙古战旗，它的造型是一柄钢叉，钢叉分三股，上饰马鬃制成的缨穗，插在门前1米多高的泥台上的方槽中。

三叉中间那一股状如利箭，而另外两股则酷似一张拉满了的弓。长柄上系有旗帜，通常为长方形。也有房前竖立2面蒙古战旗的，它们中间拉1根线绳，上面悬挂红、黄、蓝、白、绿五色旗帜。旗子中间印制了1匹或9匹飞奔的奔马，四周装饰着狮、虎、龙、凤四种动物，与奔马一起合称"五雄"，这就是禄马风旗，蒙语称"黑莫勒"，意为"命运之马"。

吉祥物 是人类原始文化的产物，是原始的人类在同大自然的斗争中形成的人类原始的文化。在这种同大自然的斗争中，面对不可预知的未来，我们的祖先创造了许多用以祈求万事顺利的象征物，而这些向往和追求幸福美好的事物，便被称为"吉祥物"。

禄马风旗的图案是事先雕刻于木版上的，然后再着色印在布或者绸缎上。旗上图案是用手工刻于木模上，再着色印于布料或丝绸上。

根据藏文古籍记载，藏俗"龙达"的发明者，是一个名叫贡则尺杰加布的人。贡则是孔子的藏语音译，尺杰加布是藏族学者赠给孔子的谥号，意思是智慧大王。

据此，人们认为，孔子曾担任过从事巫、史、礼、卜等儒职，有可能曾将马牛之类画在纸上，作为牺牲的代用品烧化，以祭祀死者，由此发明了龙达。

据说，龙达刚传到西藏时，也是作为给死者的祭品而火化。后来才不再作为祭品烧它，让它乘风而去在空中自由翱翔，成为祝愿命运吉祥如意的寄托。

随着历史的发展，时代的变化，蒙古族人信奉风马的风气，和以前相比也大不一样了。多数地区几近绝迹，但个别地区依然盛行。在鄂尔多斯地区，那里立杆飞扬风马的风气一直盛行。凡是蒙古族人家门前都有风马杆。

阅读链接

鄂尔多斯有的蒙古族人家门前立有2个风马杆，有的人家门前立1个风马杆。有人认为这是受藏传佛教影响，由原来的1个旗杆变成了2个旗杆。

实际上门前立1个风马杆，还是立2个风马杆，是由每个家庭的传统习俗决定的。

有的人家只供奉成吉思汗的纛，他们就立1个风马杆；有些人家则按照自己家庭传统习惯，在供奉成吉思汗的纛的同时，又要供奉本家族的族徽，就立2个风马杆。

因此说，这种习俗上的差异与区别，与藏传佛教没有任何关系。

流传久远的祭敖包活动

敖包，蒙古语意即"堆子"，也有译成"脑包""鄂博"的，就是由人工堆成的"石头堆""土堆"或"木块堆"。原来是在北方辽阔的草原上人们用石头堆成的道路和境界的标志，后来逐步演变成祭

内蒙古草原敖包

■ 内蒙古草原敖包

山神、路神和草原人民祈祷丰收、家人幸福平安的象征。

在敖包上插有柳枝，此谓神树，神树上插有五颜六色的神幡。巨大的石堆矗立在草原上，鲜艳的神幡如手臂般召唤着远方的牧人。

据说，敖包上面最先插的是成吉思汗、忽必烈用过的刀枪，代表着开疆扩土的辉煌。在刀枪上系上哈达，以此表达子孙献给祖先的敬仰。

蒙古族祭拜敖包历史悠久。在古代，蒙古先民把一切万物都看作神灵来崇拜，进而也崇拜山川及大地的其他各部分或掌管这些部分的神灵。这种圣地可以分成共同的和个别的两类。敖包就是其中的圣地之一。

蒙古族虔诚祭祀圣山与成吉思汗有着重大关系。据《蒙古秘史》记载：成吉思汗在早期被蔑尔乞特人追赶时，藏在不罕山里。蔑尔乞特人绕山3圈没有抓住成吉思汗。

草原牧歌

草原文化特色与形态

哈达 类似于古代汉族的礼帛。蒙古族人和藏族人表示敬意和祝贺用的长条丝巾或纱巾，多为白色、蓝色，也有黄色。此外，还有五彩哈达，颜色为蓝、白、黄、绿、红。蓝色表示蓝天，白色是白云，黄色象征大地，绿色是江河水，红色是空间护法神。五彩哈达是献给菩萨和近亲时做彩箭用的，只有在特定的情况下才用。

等蔑尔乞特人远去，成吉思汗下山后说：不罕山掩护了我，保住了我的性命，我将每天祭祀，每日祝祷，让我的子孙都知道这件事。

元代，元世祖忽必烈将这种习俗写进典籍，命令封建皇帝与蒙古诸王，每年必须致祭名山大川。由于有的地方没有山或离山较远，群众就"垒石像山，视之为神"。这种山只是"像山"，不是自然的山，是人用石头或土堆起来的，因此，蒙古语称之为"敖包"。

敖包在草原牧民的心目中，十分神圣，象征神在其位，世袭传颂。内蒙古大草原的各地都有敖包，敖包一般建于高坡或丘陵之上，形状多为圆锥体，高达数丈。从远处看，好像一座座尖塔，傲视苍穹。敖包均有名称，其名大部分以所在的山名或地名确定。

蒙古族敖包种类繁多，可分为：成年人崇拜的敖包，专供男人祭祀的敖包，专供女人祭祀的敖包；地区性集会的盟级敖包，旗级敖包，苏木级敖包；归一屯所有或归数屯所有乃至归一家私有的敖包。

从敖包的组成数目上看，有的是单独的1个敖包，有的则是敖包群。敖包群是7个并列，中间大的为主体，两旁各陪3个；有的1个大敖包居中，东、西、南、北各陪衬3个小敖包，成为13个敖包组成的敖包群。

内蒙古草原敖包

■ 内蒙古草原祭祀敖包场景

敖包多数用石头和树枝修筑，之所以多数选择石头和树枝建筑，是与蒙古族的崇石、崇树的习俗密不可分的。蒙古族有人自石出的神话传说。

将石头与生命联系在一起，这说明蒙古族人自古以来就有崇石的习俗。蒙古族先民还崇拜各种树木，特别崇拜那种树干挺拔、绿荫葱郁的大树。因此，敖包多用石头和树枝修筑。

最初都以部落为主修筑"敖包"。牧人每逢外出远行，只要路上有"敖包"的地方，都要下马向"敖包"参拜，祈祷平安。还要往"敖包"上添上几块石头或几捧土，然后跨马上路。

客人每到敖包前，一般都要按蒙古族习俗顺时针绕敖包3周，同时心中许愿，并在敖包上添加石块以求心愿得偿。石头一般都要添3、6、9块，表示六六大顺或吉祥如意。

随着藏传佛教在蒙古的传播，到了清朝，有了以部落为单位，每年举行一次"祭敖包会"的习俗。祭祀一般都在农历五月中旬举行。

祭祀敖包，是蒙古族生活中的一件大事。祭祀敖包的历史悠久。据《汉书·匈奴传》记载：

岁正月，诸长小会单于庭祠。五月，大会龙城，祭其
先、天地、鬼神……

《中华全国风俗志·卷九》记载：

鄂博随在皆有……其形圆，其顶尖，颠立方角蒙经旗，
其上下则埋哈达一方，粮食五种，银数钱，每年必一祭。

蒙古族人祭敖包就是延续这种古俗而来。祭拜敖包时，远远近近的牧民，无论男女老少都前往参加。

祭祀由当地德高望重的高僧或长者主持，于日出之前开始，祭祀场面隆重、肃穆且热烈。参加祭祀的人员先绕敖包默转3圈，方向自左向右，边转边向敖包滴洒鲜奶和酒。

接着在敖包正前方叩拜，祈祷神佛纳福，风调雨顺，人畜两旺。最后将带来的石头添加在敖包上，并用柳枝、哈达和绸布等将敖包装饰一新。这些活动都要在僧人念《太平经》下进行。

祭祀礼仪一般有4种，即血祭、酒祭、火祭和玉祭。

蒙古牧民游牧为生，以牛羊为食。牧民认为牲畜乃天地所赐，祭祀时宰杀牛羊以谢天地，故称之为血祭。

内蒙古草原敖包

蒙古草原敖包

据传天地诸神不仅喜食肉，也喜欢饮酒、喝奶，因此，蒙古族人把鲜奶、奶油、奶酒一滴滴洒于敖包前，祭祀天地诸神，祈求幸福平安，称为酒祭。

蒙古族崇尚火，认为火是最洁净的，用火可以驱邪逐恶，因此要在敖包前烧一大堆干树枝或牛粪。各家各户走近火边，念着自家的姓氏，供上祭品，并将羊肉投入火中，火烧得越旺越好，称为火祭。

玉祭则是将玉石当作供品，因玉石极为昂贵，古时仅有王公贵胄使用，一般人家使用不起，后来多以宝珠、硬币或炒米代替。

祭祀仪式结束后，举行传统的赛马、射箭、摔跤、唱歌、跳舞等娱乐活动。牧民们拉起优美动听的马头琴，和着琴声唱出悠远的长调，琴音和瑟，沁人心扉。

有的牧民三三两两围坐一起开怀畅饮，吃着羊肉，叙说起各自的故事。青年男女趁此时机，溜进草丛，避开人群，互诉衷肠，这就是所谓的"敖包相会"了。

阅读链接

史学家将敖包分4种类型：第一种是用来标明界标的；第二种是为了镇鬼敬神、保佑旗民平安幸福而设置的；第三种是用来安葬人们心目中英雄人物的；第四种是作为道路标记的。

清人姚元之写过这样的话："夷人每出必骑，骑必驰骋。垒小石于山巅，谓之鄂博，以志远近。"

中华精神家园书系

建筑古蕴
壮丽皇宫：三大故宫的建筑壮景
宫殿怀古：古风犹存的历代华宫
古都遗韵：古都的厚重历史遗韵
千古都城：三大古都的千古传奇
王府胜景：北京著名王府的景致
府衙古影：古代府衙的历史遗风
古城底蕴：十大古城的历史风貌
古镇奇葩：物宝天华的古镇奇观
古村佳境：人杰地灵的千年古村
经典民居：精华浓缩的最美民居

古建风雅
皇家御苑：非凡胜景的皇家园林
非凡胜景：北京著名的皇家园林
园林精粹：苏州园林特色与名园
秀美园林：江南园林特色与名园
园林千姿：岭南园林特色与名园
雄丽之美：北方园林特色与名园
亭台情趣：迷人的典型精品古建
楼阁雅韵：神圣典雅的古建象征
三大名楼：文人雅士的汇聚之所
古建古风：中国古典建筑与标志

古建之魂
千年名刹：享誉中外的佛教寺院
天下四绝：佛教的海内四大名刹
皇家寺院：御赐美名的著名古刹
寺院奇观：独特文化底蕴的名刹
京城宝刹：北京内外八刹与三山
道观杰作：道教的十大著名宫观
古塔瑰宝：无上玄机的魅力古塔
宝塔珍品：巧夺天工的非常古塔
千古祭庙：历代帝王庙与名臣庙

文化遗迹
远古人类：中国最早猿人及遗址
原始文化：新石器时代文化遗址
王朝遗韵：历代都城与王城遗址
考古遗珍：中国的十大考古发现
陵墓遗存：古代陵墓与出土文物
石窟奇观：著名石窟与不朽艺术
石刻神工：古代石刻与文化艺术
岩画古韵：古代岩画与艺术特色
家居古风：古代建材与家居艺术
古道依稀：古代商贸通道与交通

古建涵韵
天下祭坛：北京祭坛的绝妙密码
祭祀庙宇：香火旺盛的各地神庙
绵延祠庙：传奇神人的祭祀圣殿
至圣尊崇：文化浓厚的孔孟圣地
人间天宫：非凡造诣的妈祖庙宇
祠庙典范：最具人文特色的祭祠
绝代王陵：气势恢宏的帝王陵园
王陵雄风：空前绝后的地下城堡
大宅揽胜：宏大气派的大户宅第
古街韵味：古色古香的千年古街

物宝天华
青铜时代：青铜文化与艺术特色
玉石之国：玉器文化与艺术特色
陶器寻古：陶器文化与艺术特色
瓷器故乡：瓷器文化与艺术特色
金银生辉：金银文化与艺术特色
珐琅精工：珐琅器与文化之特色
琉璃古风：琉璃器与文化之特色
天然大漆：漆器文化与艺术特色
天然珍宝：珍珠宝石与艺术特色
天下奇石：赏石文化与艺术特色

歌舞共娱

古乐流芳：古代音乐历史与文化
钧天广乐：古代十大名曲与内涵
八音古乐：古代乐器与演奏艺术
鸾歌凤舞：古代大曲历史与艺术
妙舞长空：舞蹈历史与文化内涵
体育古项：体育运动与古老项目
民俗娱乐：民俗运动与古老项目
刀光剑影：器械武术种类与文化
快乐游艺：古老游艺与文化内涵
开心棋牌：棋牌文化与古老项目

科技回眸

创始发明：四大发明与历史价值
科技首创：万物探索与发明发现
天文回望：天文历史与天文科技
万年历法：古代历法与岁时文化
地理探究：地学历史与地理科技
数学史鉴：数学历史与数学成就
物理源流：物理历史与物理科技
化学历程：化学历史与化学科技
农学春秋：农学历史与农业科技
生物寻古：生物历史与生物科技

文化标记

龙凤图腾：龙凤崇拜与舞龙舞狮
吉祥如意：吉祥物品与文化内涵
花中四君：梅兰竹菊与文化内涵
草木有情：草木美誉与文化象征
雕塑之韵：雕塑历史与艺术内涵
壁画遗韵：古代壁画与墓葬丹青
雕刻精工：竹木骨牙角匏与工艺
百年老号：百年企业与文化传统
特色之乡：文化之乡与文化内涵

杰出人物

文韬武略：杰出帝王与励精图治
千古忠良：千古贤臣与爱国爱民
将帅传奇：将帅风云与文韬武略
思想宗师：先贤思想与智慧精华
科学鼻祖：科学精英与求索发现
发明巨匠：发明天工与创造英才
文坛泰斗：文学大家与传世经典
诗神巨星：天才诗人与妙笔华篇
画界巨擘：绘画名家与绝代精品
艺术大家：艺术大师与杰出之作

戏苑杂谈

梨园春秋：中国戏曲历史与文化
古戏经典：四大古典悲剧与喜剧
关东曲苑：东北戏曲种类与艺术
京津大戏：北京与天津戏曲艺术
燕赵戏苑：河北戏曲种类与艺术
三秦戏苑：陕西戏曲种类与艺术
齐鲁戏台：山东戏曲种类与艺术
中原曲苑：河南戏曲种类与艺术
江淮戏话：安徽戏曲种类与艺术

千秋教化

教育之本：历代官学与民风教化
文武科举：科举历史与选拔制度
教化于民：太学文化与私塾文化
官学盛况：国子监与学宫的教育
朗朗书院：书院文化与教育特色
君子之学：琴棋书画与六艺课目
启蒙经典：家教蒙学与文化内涵
文房四宝：纸笔墨砚及文化内涵
刻印时代：古籍历史与文化内涵
金石之光：篆刻艺术与印章碑石

悠久历史

古往今来：历代更替与王朝千秋
天下一统：历代统一与行动韬略
太平盛世：历代盛世与开明之治
变法图强：历代变法与图强革新
古代外交：历代外交与文化交流
选贤任能：历代官制与选拔制度
法治天下：历代法制与公正严明
古代税赋：历代赋税与劳役制度
三农史志：历代农业与土地制度
古代户籍：历代区划与户籍制度

信仰之光

儒学根源：儒学历史与文化内涵
文化主体：天人合一的思想内涵
处世之道：传统儒家的修行法宝
上善若水：道教历史与道教文化

梨园谱系

苏沪大戏：江苏上海戏曲与艺术
钱塘戏话：浙江戏曲种类与艺术
荆楚戏台：湖北戏曲种类与艺术
潇湘梨园：湖南戏曲种类与艺术
滇黔好戏：云南贵州戏曲与艺术
八桂梨园：广西戏曲种类与艺术
闽台戏苑：福建戏曲种类与艺术
粤琼戏话：广东戏曲种类与艺术
赣江好戏：江西戏曲种类与艺术

传统美德

君子之为：修身齐家治国平天下
刚健有为：自强不息与勇毅力行
仁爱孝悌：传统美德的集中体现
谦和好礼：为人处世的美好情操
诚信知报：质朴道德的重要表现
精忠报国：民族精神的巨大力量
克己奉公：强烈使命感和责任感
见利思义：崇高人格的光辉写照
勤俭廉政：民族的共同价值取向
笃实宽厚：宽厚品德的生活体现

历史长河

兵器阵法：历代军事与兵器阵法
战事演义：历代战争与著名战役
货币历程：历代货币与钱币形式
金融形态：历代金融与货币流通
交通巡礼：历代交通与水陆运输
商贸纵观：历代商业与市场经济
印纺工业：历代纺织与印染工艺
古老行业：三百六十行由来发展
养殖史话：古代畜牧与古代渔业
种植细说：古代栽培与古代园艺

强健之源

中国功夫：中华武术历史与文化
南拳北腿：武术种类与文化内涵
少林传奇：少林功夫历史与文化